Magusad naudingud 2023

kookide retseptid ja nipid

Liina Laasberg

SISUKORD

Talumaja tilkuv kook ... 11
Ameerika piparkoogid sidrunikastmega ... 12
Kohv piparkoogid ... 14
Ingveri koorekook ... 15
Liverpooli ingverikook ... 16
Kaerahelbed piparkoogid ... 17
Kleepuvad piparkoogid ... 19
Täisterast piparkoogid ... 20
Mee ja mandli kook ... 21
Sidrunijää kook ... 22
Jäätee rõngas ... 23
Lardy kook ... 25
Köömneseemnete kook ... 26
Marmorist kook ... 27
Lincolnshire'i kihiline kook ... 28
Pätsikook ... 28
Marmelaadi kook ... 30
Mooniseemnekook ... 31
Tavaline jogurtikook ... 32
Ploomid ja vanillikastekook ... 33
Vaarikas Ripple kook šokolaadiglasuuriga ... 35
Liivakook ... 36
Seemnekook ... 37
Maitsestatud rõnga kook ... 38

Vürtsikas kihiline kook 39
Suhkru ja kaneeli kook 40
Victoria ajastu teekook 41
Kõik-ühes puuviljakook 42
Kõik-ühes pann puuviljakook 43
Austraalia puuviljakook 44
Ameerika rikkalik kook 45
jaanileivapuu puuviljakook 47
Kohvi-puuviljakook 48
Cornish Heavy kook 50
Sõstrakook 51
Tume puuviljakook 52
Lõika ja tule uuesti kook 54
Dundee kook 55
Üleöö munadeta puuviljakook 56
Lollikindel puuviljakook 57
Ingveri puuviljakook 59
Talumaja mee-puuviljakook 60
Genova kook 61
Glacé puuviljakook 63
Guinnessi puuviljakook 64
Hakkliha kook 65
Kaera ja aprikoosi puuviljakook 66
Üleöö puuviljakook 67
Rosina- ja vürtsikook 68
Richmondi kook 69
Safrani puuviljakook 70

Sooda puuviljakook 71

Kiire puuviljakook 72

Kuuma tee puuviljakook 73

Külma tee puuviljakook 74

Suhkruvaba puuviljakook 75

Pisikesed puuviljakoogid 76

Äädikas puuviljakook 77

Virginia viskikook 78

Walesi puuviljakook 79

Valge puuviljakook 80

Õunakook 81

Krõmpsuva katusega vürtsikas õunakook 82

Ameerika õunakook 83

Õunapüree kook 84

Siidri-õunakook 85

Õuna- ja kaneelikook 86

Hispaania õunakook 87

Õuna- ja sultanikook 89

Tagurpidi pööratud õunakook 90

Aprikoosipätsi kook 91

Aprikoosi ja ingveri kook 92

Tipsy aprikoosikook 93

Banaani kook 94

Krõmpsuva katusega banaanikook 95

Banaani käsn 96

Kiudainerikas banaanikook 97

Banaani ja sidruni kook 98

Blender banaani šokolaadikook 99
Banaani ja maapähkli kook 100
Kõik-ühes banaani-rosinakook 101
Banaani ja viski kook 102
Mustikakook 103
Kirsi munakivikook 104
Kirsi ja kookose kook 105
Kirsi ja sultani kook 106
Jääkirsi ja pähkli kook 107
Damsoni kook 108
Datli ja pähklikook 109
Sidruni kook 110
Apelsini ja mandli kook 111
Kaerapäts kook 112
Terav jäätunud mandariini kook 113
Apelsini kook 114
Inglitoidu kook 115
Muraka võileib 116
Kuldne võikook 117
Kõik-ühes kohvisvamm 118
Tšehhi käsnkook 119
Lihtne meekook 120
Kõik-ühes sidrunikäsn 121
Sifonki sidrunikook 122
Sidrunipiiske kook 123
Sidruni ja vanilje kook 124
Madeira kook 125

Marguerita kook 126
Kuum piimakook 127
Piimakäsnkook 128
Kõik-ühes Mocha käsn 129
Moscateli kook 130
Kõik-ühes oranž käsn 131
Tavaline kook 132
Hispaania käsnkook 133
Victoria võileib 134
Vahustatud käsnkook 135
Tuuleveski käsnkook 136
Šveitsi rull 138
Apple Šveitsi rull 139
Brandy kastanirull 141
Šokolaad Šveitsi rull 143
Sidrunirull 144
Sidruni ja mee-juusturull 146
Laimimarmelaadirull 148
Sidruni ja maasika rulaad 150
Apelsini ja mandli Šveitsi rull 152
Tagaküljega maasika Šveitsi rull 155
Kõik-ühes šokolaadikook 157
Šokolaadi banaanipäts 158
Šokolaadi- ja mandlikook 159
Jäämandli šokolaadikook 160
Šokolaadi ingli kook 162
Ameerika šokolaadikook 164

Šokolaadi-õunakook 166
Šokolaadi Brownie kook 168
Šokolaadi- ja petipiimakook 170
Šokolaaditükk ja mandlikook 171
Šokolaadikreemi kook 172
Datlitega šokolaadikook 173
Perekondlik šokolaadikook 175
Kuradi toidukook vahukommi glasuuriga 176
Unistav šokolaadikook 178
Floataway šokolaadikook 180
Sarapuupähkli- ja šokolaadikook 181
Šokolaadi-fudge kook 183
Chocolate Gâteau 185
Itaalia šokolaadikook 187
Jäätunud sarapuupähkli šokolaadikook 189
Itaalia šokolaadi ja brändi koorekook 191
Šokolaadikihi kook 192
Niiske šokolaadikook 194
Mocha kook 195
Mudapirukas 196
Krõmpsuv Mississippi mudapirukas 197
Šokolaadipähklikook 199
Rikkalik šokolaadikook 200
Šokolaadi-, pähkli- ja kirsikook 201
Šokolaadi rummi kook 203
Šokolaadivõileib 204
Jaanileiva- ja pähklikook 205

Carob Christmas Log 207

Köömne kook 209

Mandli riisi kook 210

Õlle kook 211

Õlle- ja datlitort 213

Battenburgi kook 214

Leivapudingi kook 216

Inglise petipiimakook 218

Talumaja tilkuv kook

Teeb ühe 18 cm/7 kooki

225 g/8 untsi/1 1/3 tassi kuivatatud puuvilju (puuviljakoogi segu)

75 g/3 untsi/1/3 tassi veiseliha tilgutamist (lühenemine)

150 g/5 untsi/2/3 tassi pehmet pruuni suhkrut

250 ml/8 fl untsi/1 tass vett

225 g/8 untsi/2 tassi täistera (täistera)jahu

5 ml/1 tl küpsetuspulbrit

2,5 ml/½ tl soodavesinikkarbonaati (söögisoodat)

5 ml/1 tl jahvatatud kaneeli

Näputäis riivitud muskaatpähklit

Näputäis jahvatatud nelki

Kuumuta puuviljad, tilk, suhkur ja vesi tugeval pannil keemiseni ning hauta 10 minutit. Jäta jahtuma. Sega kausis ülejäänud koostisosad, seejärel vala sulatatud segu hulka ja sega õrnalt kokku. Tõsta lusikaga määritud ja vooderdatud 18 cm/7 koogivormi (panni) ja küpseta eelsoojendatud ahjus 180°C/350°F/gaasmärk 4 1½ tundi, kuni see on hästi kerkinud ja tõmbub vormi külgedest eemale.

Ameerika piparkoogid sidrunikastmega

Teeb ühe 20 cm/8 kooki

225 g/8 untsi/1 tass tuhksuhkrut (ülipeent).

50 g/2 untsi/¼ tassi võid või margariini, sulatatud

30 ml/2 spl musta siirup (melass)

2 munavalget, kergelt vahustatud

225 g/8 untsi/2 tassi tavalist (universaalset) jahu

5 ml/1 tl soodavesinikkarbonaati (söögisoodat)

5 ml/1 tl jahvatatud kaneeli

2,5 ml/½ tl jahvatatud nelki

1,5 ml/¼ tl jahvatatud ingverit

Näputäis soola

250 ml/8 fl untsi/1 tass petipiima

Kastme jaoks:

100 g/4 untsi/½ tassi tuhksuhkrut (ülipeent).

30 ml/2 spl maisijahu (maisitärklis)

Näputäis soola

Näputäis riivitud muskaatpähklit

250 ml/8 fl untsi/1 tass keeva vett

15 g/½ untsi/1 spl võid või margariini

30 ml/2 spl sidrunimahla

2,5 ml/½ tl peeneks riivitud sidrunikoort

Sega omavahel suhkur, või või margariin ja siirup. Sega hulka munavalged. Sega omavahel jahu, soodavesinikkarbonaat, maitseained ja sool. Sega jahusegu ja pett vaheldumisi või ja suhkru segusse, kuni see on hästi segunenud. Tõsta lusikaga määritud ja jahuga ülepuistatud 20 cm/8 koogivormi (pannile) ja küpseta eelkuumutatud ahjus 200°C/400°F/gaasimärk 6 35 minutit, kuni keskele torgatud varras tuleb puhtana välja. Lase vormis 5 minutit jahtuda, enne kui tõstad jahtumise lõpetamiseks restile. Kooki võib serveerida külmalt või soojalt.

Kastme valmistamiseks sega väikesel pannil tasasel tulel suhkur, maisijahu, sool, muskaatpähkel ja vesi ning sega, kuni see on hästi segunenud. Hauta segades, kuni segu on paks ja selge. Sega juurde või või margariin ja sidrunimahl ja koor ning küpseta, kuni segu on segunenud. Vala serveerimiseks piparkookidele.

Kohv piparkoogid

Teeb ühe 20 cm/8 kooki

200 g/7 untsi/1¾ tassi isekerkivat (isekerkivat) jahu

10 ml/2 tl jahvatatud ingverit

10 ml/2 tl lahustuva kohvi graanuleid

100 ml/4 fl untsi/½ tassi kuuma vett

100 g/4 untsi/½ tassi võid või margariini

75 g/3 untsi/¼ tassi kuldset (hele maisi) siirupit

50 g/2 untsi/¼ tassi pehmet pruuni suhkrut

2 muna, lahtiklopitud

Sega omavahel jahu ja ingver. Lahustage kohv kuumas vees. Sulata margariin, siirup ja suhkur, seejärel sega kuivainete hulka. Sega hulka kohv ja munad. Vala võiga määritud ja vooderdatud 20 cm/8 koogivormi (pannile) ja küpseta eelkuumutatud ahjus 180°C/350°F/gaasimärk 4 40–45 minutit, kuni see on hästi kerkinud ja katsudes vetruv.

Ingveri koorekook

Teeb ühe 20 cm/8 kooki

175 g/6 untsi/¾ tassi võid või margariini, pehmendatud

150 g/5 untsi/2/3 tassi pehmet pruuni suhkrut

3 muna, kergelt lahtiklopitud

175 g/6 untsi/1½ tassi isekerkivat (isekerkivat) jahu

15 ml/1 spl jahvatatud ingverit Täidise jaoks:

150 ml/¼ pt/2/3 tassi topelt (rasket) koort

15 ml/1 spl tuhksuhkrut (kondiitritele), sõelutud

5 ml/1 tl jahvatatud ingverit

Vahusta või või margariin ja suhkur heledaks ja kohevaks vahuks. Lisa vähehaaval munad, seejärel jahu ja ingver ning sega korralikult läbi. Tõsta lusikaga kahte rasvainega määritud ja vooderdatud 20 cm/8 võileivavormi (pannid) ja küpseta eelkuumutatud ahjus temperatuuril 180°C/350°F/gaasimärk 4 25 minutit, kuni see on hästi kerkinud ja katsudes vetruv. Jäta jahtuma.

Vahusta koor suhkru ja ingveriga tugevaks vahuks, seejärel kasuta kookide võileivale.

Liverpooli ingverikook

Teeb ühe 20 cm/8 kooki

100 g/4 untsi/½ tassi võid või margariini

100 g/4 untsi/½ tassi demerara suhkrut

30 ml/2 spl kuldset (hele maisi) siirupit

225 g/8 untsi/2 tassi tavalist (universaalset) jahu

2,5 ml/½ tl soodavesinikkarbonaati (söögisoodat)

10 ml/2 tl jahvatatud ingverit

2 muna, lahtiklopitud

225 g/8 untsi/11/3 tassi sultanasid (kuldseid rosinaid)

50 g/2 untsi/½ tassi kristalliseerunud (suhkrustatud) ingverit, tükeldatud

Sulata või või margariin koos suhkru ja siirupiga tasasel tulel. Tõsta tulelt ning sega hulka kuivained ja muna ning sega korralikult läbi. Sega hulka sultanid ja ingver. Tõsta lusikaga määritud ja vooderdatud 20 cm/8 kandilisse koogivormi (panni) ja küpseta eelkuumutatud ahjus temperatuuril 150°C/300°F/gaasmark 3 pool tundi, kuni see on katsudes vetruv. Kook võib keskelt veidi vajuda. Lase vormis jahtuda.

Kaerahelbed piparkoogid

Teeb ühe 35 x 23 cm/14 x 9 koogi

225 g/8 untsi/2 tassi täistera (täistera)jahu

75 g/3 untsi/¾ tassi valtsitud kaerahelbeid

5 ml/1 tl soodavesinikkarbonaati (söögisoodat)

5 ml/1 tl hambakivi

15 ml/1 spl jahvatatud ingverit

225 g/8 untsi/1 tass võid või margariini

225 g/8 untsi/1 tass pehmet pruuni suhkrut

Sega kausis omavahel jahu, kaer, soodavesinikkarbonaat, tartarikoor ja ingver. Hõõru sisse võid või margariini, kuni segu meenutab riivsaia. Sega juurde suhkur. Suru segu tugevasti määritud 35 x 23 cm/14 x 9 koogivormi (pannile) ja küpseta eelkuumutatud ahjus 160°C/325°F/gaasmark 3 30 minutit, kuni on kuldpruun. Lõika veel soojalt ruutudeks ja lase vormis täielikult jahtuda.

Apelsini piparkoogid

Teeb ühe 23 cm/9 kooki

450 g/1 nael/4 tassi tavalist (universaalset) jahu

5 ml/1 tl jahvatatud kaneeli

2,5 ml/½ tl jahvatatud ingverit

2,5 ml/½ tl soodavesinikkarbonaati (söögisoodat)

175 g/6 untsi/2/3 tassi võid või margariini

175 g/6 untsi/2/3 tassi tuhksuhkrut (ülipeent)

75 g/3 untsi/½ tassi glace (suhkrustatud) apelsinikoort, hakitud

½ suure apelsini riivitud koor ja mahl

175 g/6 untsi/½ tassi kuldset (hele maisi) siirupit, soojendatud

2 muna, kergelt lahtiklopitud

Natuke piima

Sega omavahel jahu, maitseained ja soodavesinikkarbonaat, seejärel hõõru või või margariiniga, kuni segu meenutab riivsaia. Segage suhkur, apelsinikoor ja -koor ning tehke keskele süvend. Sega hulka apelsinimahl ja soojendatud siirup, seejärel sega juurde munad, kuni saad pehme tilkuva konsistentsi, vajadusel lisa veidi piima. Klopi korralikult läbi, siis lusikaga määritud 23 cm/9 kandilisse koogivormi (panni) ja küpseta eelsoojendatud ahjus 160°C/325°F/gaasmark 3 1 tund, kuni see on hästi kerkinud ja katsudes vetruv.

Kleepuvad piparkoogid

Teeb ühe 25 cm/10 kooki

275 g/10 untsi/2½ tassi tavalist (universaalset) jahu

10 ml/2 tl jahvatatud kaneeli

5 ml/1 tl soodavesinikkarbonaati (söögisoodat)

100 g/4 untsi/½ tassi võid või margariini

175 g/6 untsi/½ tassi kuldset (hele maisi) siirupit

175 g/6 untsi/½ tassi musta siirup (melass)

100 g/4 untsi/½ tassi pehmet pruuni suhkrut

2 muna, lahtiklopitud

150 ml / ¼ pt / 2/3 tassi kuuma vett

Sega omavahel jahu, kaneel ja soodavesinikkarbonaat. Sulata või või margariin siirupi, siirupi ja suhkruga ning vala kuivainete hulka. Lisa munad ja vesi ning sega korralikult läbi. Vala võiga määritud ja vooderdatud 25 cm/10 kandilisse koogivormi (vormi). Küpseta eelkuumutatud ahjus 180°C/350°F/gaasimärk 4 40–45 minutit, kuni see on hästi kerkinud ja katsudes vetruv.

Täisterast piparkoogid

Teeb ühe 18 cm/7 kooki

100 g/4 untsi/1 tass tavalist (universaalset) jahu

100 g/4 untsi/1 tass täistera (täistera)jahu

50 g/2 untsi/¼ tassi pehmet pruuni suhkrut

50 g/2 untsi/1/3 tassi sultanaid (kuldseid rosinaid)

10 ml/2 tl jahvatatud ingverit

5 ml/1 tl jahvatatud kaneeli

5 ml/1 tl soodavesinikkarbonaati (söögisoodat)

Näputäis soola

100 g/4 untsi/½ tassi võid või margariini

30 ml/2 spl kuldset (hele maisi) siirupit

30 ml/2 spl musta siirup (melass)

1 muna, kergelt lahtiklopitud

150 ml / ¼ pt / 2/3 tassi piima

Sega omavahel kuivained. Sulata või või margariin siirupi ja siirupiga ning sega kuivainete hulka koos muna ja piimaga. Tõsta lusikaga määritud ja vooderdatud 18 cm/7 koogivormi (pannile) ja küpseta eelkuumutatud ahjus temperatuuril 160°C/325°F/gaasmärk 3 1 tund, kuni see on katsudes kergelt vetruv.

Mee ja mandli kook

Teeb ühe 20 cm/8 kooki

250 g/9 untsi porgandit, riivitud

65 g/2½ untsi mandleid, peeneks hakitud

2 muna

100 g/4 untsi/1/3 tassi selget mett

60 ml/4 spl õli

150 ml / ¼ pt / 2/3 tassi piima

100 g/4 untsi/1 tass täistera (täistera)jahu

25 g/1 unts/¼ tassi tavalist (universaalset) jahu

10 ml/2 tl jahvatatud kaneeli

2,5 ml/½ tl soodavesinikkarbonaati (söögisoodat)

Näputäis soola

Lemon Glacé jäätumine

Kaunistuseks mõned helbed (tükeldatud) mandlid

Sega omavahel porgandid ja pähklid. Klopi eraldi kausis lahti munad, seejärel sega hulka mesi, õli ja piim. Sega porgandite ja pähklite hulka, seejärel sega hulka kuivained. Tõsta lusikaga määritud ja vooderdatud 20 cm/8 koogivormi (pann) ja küpseta eelkuumutatud ahjus 150°C/300°F/gaasmark 2 1–1¼ tundi, kuni see on hästi kerkinud ja katsudes vetruv. Lase enne välja keeramist vormis jahtuda. Nirista peale sidruniglasuuri ja kaunista seejärel mandlihelvestega.

Sidrunijää kook

Teeb ühe 18 cm/7 kooki

100 g/4 untsi/½ tassi võid või margariini, pehmendatud

100 g/4 untsi/½ tassi tuhksuhkrut (ülipeent).

2 muna

100 g/4 untsi/1 tass tavalist (universaalset) jahu

50 g/2 untsi/½ tassi jahvatatud riisi

2,5 ml/½ tl küpsetuspulbrit

Riivitud koor ja 1 sidruni mahl

100 g/4 untsi/2/3 tassi tuhksuhkrut (kondiitritele), sõelutud

Vahusta või või margariin ja suhkur heledaks ja kohevaks vahuks. Sega hulka ükshaaval munad, pärast iga lisamist korralikult kloppides. Sega omavahel jahu, jahvatatud riis, küpsetuspulber ja sidrunikoor ning sega seejärel segusse. Tõsta lusikaga määritud ja vooderdatud 18 cm/7 koogivormi (pannile) ja küpseta eelkuumutatud ahjus 180°C/350°F/gaasmärk 4 1 tund, kuni see on katsudes vetruv. Eemalda vormist ja lase jahtuda.

Sega tuhksuhkur vähese sidrunimahlaga ühtlaseks massiks. Tõsta lusikaga koogile ja jäta tahenema.

Jäätee rõngas

Serveerib 4-6

150 ml/¼ pt/2/3 tassi sooja piima

2,5 ml/½ tl kuivatatud pärmi

25 g/1 untsi/2 spl tuhksuhkrut (ülipeent).

25 g/1 untsi/2 spl võid või margariini

225 g/8 untsi/2 tassi kanget tavalist (leiva)jahu

1 lahtiklopitud muna Täidise jaoks:

50 g/2 untsi/¼ tassi võid või margariini, pehmendatud

50 g/2 untsi/¼ tassi jahvatatud mandleid

50 g/2 untsi/¼ tassi pehmet pruuni suhkrut

Katte jaoks:
100 g/4 untsi/2/3 tassi tuhksuhkrut (kondiitritele), sõelutud

15 ml/1 spl sooja vett

30 ml/2 spl purustatud (tükeldatud) mandleid

Vala piim pärmile ja suhkrule ning sega läbi. Jäta sooja kohta vahuseks. Hõõru või või margariin jahu hulka. Sega hulka pärmisegu ja muna ning klopi korralikult läbi. Kata kauss õlitatud toidukilega (kilekile) ja jäta 1 tunniks sooja kohta seisma. Sõtku uuesti, seejärel vormi umbes 30 x 23 cm ristkülikuks. Määri tainas täidisega või või margariiniga ning puista peale jahvatatud mandleid ja suhkrut. Rullige pikaks vorstiks ja vormige rõngas, sulgedes servad vähese veega. Lõika kaks kolmandikku rullist umbes 3 cm/1½ vahedega läbi ja aseta võiga määritud küpsetusplaadile. Jätke 20 minutiks sooja kohta. Küpseta eelkuumutatud ahjus 200°C/425°F/gaas 7 juures 15 minutit. Alandage ahju temperatuuri veel 15 minutiks 180°C/350°F/gaasi kohta 4.

Vahepeal blenderda tuhksuhkur ja vesi, et tekiks glasuur. Jahtunult määri koogile ja kaunista mandlihelvestega.

Lardy kook

Teeb ühe 23 x 18 cm/9 x 7 koogi

15 g/½ untsi värsket pärmi või 20 ml/4 tl kuivatatud pärmi

5 ml/1 tl tuhksuhkrut (ülipeent).

300 ml/½ pt/1¼ tassi sooja vett

150 g/5 untsi/2/3 tassi seapekk (lühenemine)

450 g/1 nael/4 tassi kanget (leiva)jahu

Näputäis soola

100 g/4 untsi/2/3 tassi sultanasid (kuldseid rosinaid)

100 g/4 untsi/2/3 tassi selget mett

Sega pärm suhkru ja vähese sooja veega ning jäta sooja kohta 20 minutiks vahuks.

Hõõruge 25 g searasva jahu ja soola hulka ning tehke keskele süvend. Vala juurde pärmisegu ja ülejäänud soe vesi ning sega tugevaks tainaks. Sõtku ühtlaseks ja vetruvaks. Aseta õliga määritud kaussi, kata õlitatud toidukilega (kile) ja jäta sooja kohta umbes 1 tunniks seisma, kuni see kahekordistub.

Tükelda ülejäänud seapekk. Sõtku tainas uuesti, seejärel rulli ristkülikuks, mille suurus on umbes 35 x 23 cm. Kata kaks kolmandikku taignast ühe kolmandiku searasva, ühe kolmandiku sultanade ja ühe neljandikuga. mesi. Voldi tavaline kolmandik tainast üles täidise peale, seejärel keera ülemine kolmandik selle peale alla. Suruge servad tihendamiseks kokku, seejärel pöörake taignale veerand pööret, nii et voltimine jääb teie vasakule poole. Rulli lahti ja korda seda protsessi veel kaks korda, et kogu seapekk ja sultanad ära kasutada. Tõsta rasvainega määritud ahjuplaadile ja märgi noaga peale risti-rästi muster. Kata kaanega ja jäta 40 minutiks sooja kohta seisma.

Küpsetage eelkuumutatud ahjus temperatuuril 220 °C / 425 °F / gaasimärk 7 40 minutit. Piserdage pealt ülejäänud meega, seejärel laske jahtuda.

Köömneseemnete kook

Teeb ühe 23 x 18 cm/9 x 7 koogi

450 g/1 naela tavaline valge pätsi tainas

175 g/6 untsi/¾ tassi seapekk (lühenemine), tükkideks lõigatud

175 g/6 untsi/¾ tassi tuhksuhkrut (ülipeent).

15 ml/1 spl köömneid

Valmistage tainas ette, seejärel rullige see kergelt jahusel pinnal umbes 35 x 23 cm ristkülikuks. Määrige kaks kolmandikku tainast poole searasva ja poole suhkruga, seejärel keerake tainas kokku. kolmandik tainast ja voldi ülemine osa kolmandiku võrra allapoole. Pöörake tainast veerand pööret nii, et murdekoht jääks vasakule, seejärel rulli uuesti lahti ja puista samamoodi ülejäänud searasva ja suhkruga ning köömnetega. Voldi uuesti kokku, seejärel vormi nii, et see mahuks küpsetusvormi (pannile) ja lõika ülaosast rombikujulised kujundid. Kata õliga määritud toidukilega (kilekile) ja jäta umbes 30 minutiks sooja kohta seisma, kuni see kahekordistub.

Küpseta eelkuumutatud ahjus 200°C/ 400°F/gaasimärgis 6 1 tund. Lase 15 minutit vormis jahtuda, et rasv imbuks tainasse, seejärel kummuta restile täielikult jahtuma.

Marmorist kook

Teeb ühe 20 cm/8 kooki

175 g/6 untsi/¾ tassi võid või margariini, pehmendatud

175 g/6 untsi/¾ tassi tuhksuhkrut (ülipeent).

3 muna, kergelt lahtiklopitud

225 g/8 untsi/2 tassi isekerkivat (isekerkivat) jahu

Paar tilka mandli essentsi (ekstrakt)

Paar tilka rohelist toiduvärvi

Paar tilka punast toiduvärvi

Vahusta või või margariin ja suhkur heledaks ja kohevaks vahuks. Klopi sisse järk-järgult munad, seejärel sega hulka jahu. Jaga segu kolmeks. Lisa kolmandikule mandlisesents, kolmandikule roheline toiduvärv ja ülejäänud kolmandikule punane toiduvärv. Tõsta suured lusikatäied kolme segu vaheldumisi võiga määritud ja vooderdatud 20 cm/8 koogivormi (panni) ja küpseta eelkuumutatud ahjus temperatuuril 180°C/350°F/gaasmark 4 45 minutit, kuni see on hästi kerkinud ja vetruv. puudutus.

Lincolnshire'i kihiline kook

Teeb ühe 20 cm/8 kooki

175 g/6 untsi/¾ tassi võid või margariini

350 g/12 untsi/3 tassi tavalist (universaalset) jahu

Näputäis soola

150 ml / ¼ pt / 2/3 tassi piima

15 ml/1 spl kuivatatud pärmi Täidise jaoks:

225 g/8 untsi/11/3 tassi sultanasid (kuldseid rosinaid)

225 g/8 untsi/1 tass pehmet pruuni suhkrut

25 g/1 untsi/2 spl võid või margariini

2,5 ml/½ tl jahvatatud piment

1 muna, eraldatud

Hõõru pool võist või margariinist jahu ja soola hulka, kuni segu meenutab riivsaia. Ülejäänud või või margariin koos piimaga soojendada käesoojaks, seejärel segada pärmiga veidi pastaks. Sega jahusegu hulka pärmisegu ning ülejäänud piim ja või ning sõtku pehmeks tainaks. Aseta õliga määritud kaussi, kata ja jäta sooja kohta umbes 1 tunniks seisma, kuni see kahekordistub. Vahepeal aseta kõik täidise koostisosad peale munavalge pannile tasasele tulele ja jäta sulamiseni.

Rulli veerand tainast 20 cm/8 ringikujuliseks ja määri peale kolmandik täidisest. Korrake sama ülejäänud taignakoguste ja täidisega, katteks taignaring. Pintselda servad munavalgega ja sule kokku. Küpseta eelkuumutatud ahjus 190°C/ 375°F/gaasitähis 5 20 minutit. Pintselda pealt munavalgega ja pane siis veel 30 minutiks ahju, kuni see on kuldne.

Pätsikook

Teeb ühe 900 g/2 naela koogi

175 g/6 untsi/¾ tassi võid või margariini, pehmendatud

275 g/10 untsi/1¼ tassi tuhksuhkrut (ülipeent).

Riivitud koor ja ½ sidruni mahl

120 ml/4 fl untsi/½ tassi piima

275 g/10 untsi/2¼ tassi isekerkivat (isekerkivat) jahu

5 ml / 1 tl soola

5 ml/1 tl küpsetuspulbrit

3 muna

Tuhksuhkur (kondiitri-)suhkur, sõelutud, tolmutamiseks

Vahusta või või margariin, suhkur ja sidrunikoor heledaks ja kohevaks vahuks. Sega juurde sidrunimahl ja piim, seejärel sega hulka jahu, sool ja küpsetuspulber ning sega ühtlaseks massiks. Lisa vähehaaval munad, pärast iga lisamist korralikult kloppides. Valage segu lusikaga määritud ja vooderdatud 900 g/2 naela pätsivormi (pannile) ja küpsetage eelkuumutatud ahjus temperatuuril 150°F/300°F/gaasmark 2 1¼ tundi, kuni see on katsudes vetruv. Lase vormis 10 minutit jahtuda, enne kui keerad välja, et restil jahtuda. Serveeri tuhksuhkruga üle puistatuna.

Marmelaadi kook

Teeb ühe 18 cm/7 kooki

175 g/6 untsi/¾ tassi võid või margariini, pehmendatud

175 g/6 untsi/¾ tassi tuhksuhkrut (ülipeent).

3 muna, eraldatud

300 g/10 untsi/2½ tassi isekerkivat (isekerkivat) jahu

45 ml/3 spl paksu marmelaadi

50 g/2 untsi/1/3 tassi hakitud segatud (suhkreeritud) koort

1 apelsini riivitud koor

45 ml/3 spl vett

Glasuuri jaoks (glasuuri jaoks):

100 g/4 untsi/2/3 tassi tuhksuhkrut (kondiitritele), sõelutud

1 apelsini mahl

Paar viilu kristalliseerunud (suhkrustatud) apelsini

Vahusta või või margariin ja suhkur heledaks ja kohevaks vahuks. Löö vähehaaval sisse munakollased, seejärel 15 ml/1 spl jahu. Sega hulka marmelaad, segatud koor, apelsinikoor ja vesi, seejärel sega hulka ülejäänud jahu. Vahusta munavalged tugevaks vahuks, seejärel sega need metalllusikaga segusse. Tõsta lusikaga määritud ja vooderdatud 18 cm/7 koogivormi (pann) ja küpseta eelkuumutatud ahjus temperatuuril 180°C/350°F/gaasmärk 4 1¼ tundi, kuni see on hästi kerkinud ja katsudes vetruv. Lase vormis 5 minutit jahtuda, seejärel kummuta jahtumise lõpetamiseks restile.

Glasuuri valmistamiseks pane tuhksuhkur kaussi ja tee keskele süvend. Lisa järk-järgult niipalju apelsinimahla, et saada laialivalguv konsistents. Tõsta lusikaga koogile ja küljed alla ning jäta tahenema. Kaunista kristalliseerunud apelsiniviiludega.

Mooniseemnekook

Teeb ühe 20 cm/8 kooki

250 ml/8 fl untsi/1 tass piima

100 g/4 untsi/1 tass mooniseemneid

225 g/8 untsi/1 tass võid või margariini, pehmendatud

225 g/8 untsi/1 tass pehmet pruuni suhkrut

3 muna, eraldatud

100 g/4 untsi/1 tass tavalist (universaalset) jahu

100 g/4 untsi/1 tass täistera (täistera)jahu

5 ml/1 tl küpsetuspulbrit

Aja piim väikesel pannil koos mooniseemnetega keema, tõsta siis tulelt, kata kaanega ja lase 30 minutit tõmmata. Vahusta või või margariin ja suhkur heledaks ja kohevaks vahuks. Klopi vähehaaval sisse munakollased, seejärel sega hulka jahud ja küpsetuspulber. Sega juurde mooniseemned ja piim. Vahusta munavalged tugevaks vahuks, seejärel sega need metalllusikaga segusse. Tõsta lusikaga määritud ja vooderdatud 20 cm/8 koogivormi (pannile) ja küpseta eelkuumutatud ahjus 180°C/350°F/gaasimärk 4 1 tund, kuni keskele torgatud varras tuleb puhtana välja. Lase vormis 10 minutit jahtuda, enne kui keerad välja, et restil jahtuda.

Tavaline jogurtikook

Teeb ühe 23 cm/9 kooki

150 g/5 untsi tavalist jogurtit

150 ml / ¼ pt / 2/3 tassi õli

225 g/8 untsi/1 tass tuhksuhkrut (ülipeent).

225 g/8 untsi/2 tassi isekerkivat (isekerkivat) jahu

10 ml/2 tl küpsetuspulbrit

2 muna, lahtiklopitud

Sega kõik ained ühtlaseks massiks, seejärel tõsta lusikaga määritud ja vooderdatud 23 cm/9 koogivormi (pannile). Küpsetage eelkuumutatud ahjus temperatuuril 160 °C/325 °F/gaasimärk 3 1¼ tundi, kuni see on katsudes vetruv. Lase vormis jahtuda.

Ploomid ja vanillikastekook

Teeb ühe 23 cm/9 kooki

Täidise jaoks:

150 g/5 untsi/2/3 tassi kivideta (kivideta) ploome, jämedalt hakitud

120 ml/4 fl untsi/½ tassi apelsinimahla

50 g/2 untsi/¼ tassi tuhksuhkrut (ülipeent).

30 ml/2 spl maisijahu (maisitärklis)

175 ml/6 fl untsi/¾ tassi piima

2 munakollast

1 apelsini peeneks riivitud koor

Tordi jaoks:

175 g/6 untsi/¾ tassi võid või margariini, pehmendatud

225 g/8 untsi/1 tass tuhksuhkrut (ülipeent).

3 muna, kergelt lahtiklopitud

200 g/7 untsi/1¾ tassi tavalist (universaalset) jahu

10 ml/2 tl küpsetuspulbrit

2,5 ml/½ tl riivitud muskaatpähklit

75 ml/5 spl apelsinimahla

Kõigepealt valmista täidis. Leota ploome apelsinimahlas vähemalt kaks tundi.

Sega suhkur ja maisijahu vähese piimaga pastaks. Aja ülejäänud piim pannil keema. Vala peale suhkur ja maisijahu ning sega korralikult läbi, seejärel tõsta tagasi loputatud pannile ja klopi sisse munakollased. Lisa apelsinikoor ja sega tasasel tulel kuni paksenemiseni, kuid ära lase vanillikaste keema. Asetage pann külma vee kaussi ja segage vanillikaste aeg-ajalt, kui see jahtub.

Koogi valmistamiseks vahusta või või margariin ja suhkur heledaks ja kohevaks kreemiks. Löö vähehaaval sisse munad, seejärel sega vaheldumisi apelsinimahlaga jahu, küpsetuspulber ja muskaatpähkel. Tõsta pool taignast lusikaga määritud 23 cm/9 koogivormi (pannile), seejärel määri peale kreem, jättes serva ümber tühimiku. Tõsta lusikaga kuivatatud ploomid ja leotusmahl vanillikreemile, seejärel kata ülejäänud koogiseguga, jälgides, et koogisegu oleks külgedelt täidisega kinni ja täidis oleks täielikult kaetud. Küpseta eelkuumutatud ahjus 200°C/400°F/gaasimärk 6 35 minutit, kuni see on kuldpruun ja tõmbub vormi külgedest eemale. Lase enne välja keeramist vormis jahtuda.

Vaarikas Ripple kook šokolaadiglasuuriga

Teeb ühe 20 cm/8 kooki

175 g/6 untsi/¾ tassi võid või margariini, pehmendatud

175 g/6 untsi/¾ tassi tuhksuhkrut (ülipeent).

3 muna, kergelt lahtiklopitud

225 g/8 untsi/2 tassi isekerkivat (isekerkivat) jahu

100 g/4 untsi vaarikaid Glasuuriks (glasuurimiseks) ja kaunistuseks:

Valge šokolaadivõi glasuur

100 g/4 untsi/1 tass tavalist (poolmagusat) šokolaadi

Vahusta või või margariin ja suhkur heledaks ja kohevaks vahuks. Klopi sisse järk-järgult munad, seejärel sega hulka jahu. Püreesta vaarikad, seejärel hõõru läbi sõela (sõela), et eemaldada seemned. Sega püree koogisegu hulka nii, et see segust marmorjas ja sisse ei seguneks. Tõsta lusikaga määritud ja 20 cm/8 vooderdatud koogivormi (pann) ja küpseta eelkuumutatud ahjus 180°C/350° F/gas mark 4 45 minutit, kuni see on hästi kerkinud ja katsudes vetruv. Tõsta restile jahtuma.

Määri koogile võiglasuur ja töötle pind kahvliga karedaks. Sulata šokolaad kuumakindlas kausis, mis on asetatud õrnalt keeva veega pannile. Laota küpsetusplaadile (küpsise)plaadile ja jäta peaaegu tahenema. Kaapige terava noaga üle šokolaadi, et tekiks lokid. Kasuta koogi pealmise kaunistamiseks.

Liivakook

Teeb ühe 20 cm/8 kooki

75 g/3 untsi/1/3 tassi võid või margariini, pehmendatud

75 g/3 untsi/1/3 tassi tuhksuhkrut (ülipeent).

2 muna, kergelt lahtiklopitud

100 g/4 untsi/1 tass maisijahu (maisitärklis)

25 g/1 unts/¼ tassi tavalist (universaalset) jahu

5 ml/1 tl küpsetuspulbrit

50 g/2 untsi/½ tassi hakitud segatud pähkleid

Vahusta või või margariin ja suhkur heledaks ja kohevaks vahuks. Klopi juurde järk-järgult munad, seejärel sega hulka maisijahu, jahu ja küpsetuspulber. Tõsta segu lusikaga määritud 20 cm/8 kandilisse koogivormi (panni) ja puista peale hakitud pähkleid. Küpsetage eelkuumutatud ahjus temperatuuril 180°C/350°F/gaasimärk 4 1 tund, kuni see on katsudes vetruv.

Seemnekook

Teeb ühe 18 cm/7 kooki

100 g/4 untsi/½ tassi võid või margariini, pehmendatud

100 g/4 untsi/½ tassi tuhksuhkrut (ülipeent).

2 muna, kergelt lahtiklopitud

225 g/8 untsi/2 tassi tavalist (universaalset) jahu

25 g/1 unts/¼ tassi köömneid

5 ml/1 tl küpsetuspulbrit

Näputäis soola

45 ml/3 spl piima

Vahusta või või margariin ja suhkur heledaks ja kohevaks vahuks. Löö vähehaaval sisse munad, seejärel sega hulka jahu, köömned, küpsetuspulber ja sool. Sega juurde nii palju piima, et tekiks tilga konsistents. Tõsta lusikaga määritud ja vooderdatud 18 cm/7 koogivormi (panni) ja küpseta eelkuumutatud ahjus 200°C/400°F/gaasmärk 6 1 tund, kuni see on katsudes vetruv ja hakkab külgedelt kokku tõmbuma. tinast.

Maitsestatud rõnga kook

Teeb ühe 23 cm/9 rõnga

1 õun, kooritud, puhastatud südamikust ja riivitud

30 ml/2 spl sidrunimahla

25 g/8 untsi/1 tass pehmet pruuni suhkrut

5 ml/1 tl jahvatatud ingverit

5 ml/1 tl jahvatatud kaneeli

2,5 ml/½ tl jahvatatud (õunakoogi) vürtsi

225 g/8 untsi/2/3 tassi kuldset (hele maisi) siirupit

250 ml/8 fl untsi/1 tass õli

10 ml/2 tl küpsetuspulbrit

400 g/14 untsi/3½ tassi tavalist (universaalset) jahu

10 ml/2 tl soodavesinikkarbonaati (söögisoodat)

250 ml/8 fl untsi/1 tass kuuma kanget teed

1 muna, lahtiklopitud

Tuhksuhkur (kondiitri-)suhkur, sõelutud, tolmutamiseks

Sega kokku õuna- ja sidrunimahl. Sega juurde suhkur ja maitseained, seejärel siirup ja õli. Lisa jahule küpsetuspulber ja kuumale teele soodavesinikkarbonaat. Sega need vaheldumisi segusse, seejärel sega hulka muna. Tõsta lusikaga määritud ja vooderdatud 23 cm/9 sügavasse rõngasvormi (panni) ja küpseta eelkuumutatud ahjus temperatuuril 180°C/350°F/gaasmark 4 1 tund, kuni see on katsudes vetruv. Lase 10 minutit vormis jahtuda, seejärel kummuta restile jahtumise lõpetamiseks. Serveeri tuhksuhkruga üle puistatuna.

Vürtsikas kihiline kook

Teeb ühe 23 cm/9 kooki

100 g/4 untsi/½ tassi võid või margariini, pehmendatud

100 g/4 untsi/½ tassi granuleeritud suhkrut

100 g/4 untsi/½ tassi pehmet pruuni suhkrut

2 muna, lahtiklopitud

175 g/6 untsi/1½ tassi tavalist (universaalset) jahu

5 ml/1 tl küpsetuspulbrit

5 ml/1 tl jahvatatud kaneeli

2,5 ml/½ tl soodavesinikkarbonaati (söögisoodat)

2,5 ml/½ tl jahvatatud (õunakoogi) vürtsi

Näputäis soola

200 ml/7 fl oz/scant 1 tass konserveeritud aurutatud piima

Sidrunivõi glasuur

Vahusta või või margariin ja suhkrud heledaks ja kohevaks vahuks. Klopi juurde vähehaaval munad, seejärel sega hulka kuivained ja aurustunud piim ning blenderda ühtlaseks seguks. Tõsta lusikaga kahte võiga määritud ja vooderdatud 23 cm/9 koogivormi (vormi) ja küpseta eelkuumutatud ahjus temperatuuril 180°C/350°F/gaasmärk 4 30 minutit, kuni see on katsudes vetruv. Lase jahtuda, seejärel võileib sidrunivõiga glasuuriga.

Suhkru ja kaneeli kook

Teeb ühe 23 cm/9 kooki

175 g/6 untsi/1½ tassi isekerkivat (isekerkivat) jahu

10 ml/2 tl küpsetuspulbrit

Näputäis soola

175 g/6 untsi/¾ tassi tuhksuhkrut (ülipeent).

50 g/2 untsi/¼ tassi võid või margariini, sulatatud

1 muna, kergelt lahtiklopitud

120 ml/4 fl untsi/½ tassi piima

2,5 ml/½ tl vaniljeessentsi (ekstrakt)

Katte jaoks:
50 g/2 untsi/¼ tassi võid või margariini, sulatatud

50 g/2 untsi/¼ tassi pehmet pruuni suhkrut

2,5 ml/½ tl jahvatatud kaneeli

Klopi kõik koogi koostisosad ühtlaseks ja hästi seguneks. Tõsta lusikaga määritud 23 cm/9 koogivormi (pann) ja küpseta eelkuumutatud ahjus 180°C/ 350°F/gaasmärk 4 25 minutit, kuni see on kuldne. Pintselda soe kook võiga. Sega omavahel suhkur ja kaneel ning puista peale. Pange kook veel 5 minutiks tagasi ahju.

Victoria ajastu teekook

Teeb ühe 20 cm/8 kooki

225 g/8 untsi/1 tass võid või margariini, pehmendatud

225 g/8 untsi/1 tass tuhksuhkrut (ülipeent).

225 g/8 untsi/2 tassi isekerkivat (isekerkivat) jahu

25 g/1 unts/¼ tassi maisijahu (maisitärklis)

30 ml/2 spl köömneid

5 muna, eraldatud

Puistamiseks granuleeritud suhkur

Vahusta või või margariin ja suhkur heledaks ja kohevaks vahuks. Sega hulka jahu, maisijahu ja köömned. Klopi lahti munakollased, seejärel sega need segusse. Vahusta munavalged tugevaks vahuks, seejärel sega metalllusikaga ettevaatlikult segu hulka. Tõsta lusikaga määritud ja vooderdatud 20 cm/8 koogivormi (panni) ja puista üle suhkruga. Küpseta eelkuumutatud ahjus 180°C/350°F/gaasmark 4 juures pool tundi, kuni see on kuldpruun ja hakkab vormi külgedest eemale tõmbuma.

Kõik-ühes puuviljakook

Teeb ühe 20 cm/8 kooki

175 g/6 untsi/¾ tassi võid või margariini, pehmendatud

175 g/6 untsi/¾ tassi pehmet pruuni suhkrut

3 muna

15 ml/1 spl kuldset (hele maisi) siirupit

100 g/4 untsi/½ tassi glace (suhkrustatud) kirsse

100 g/4 untsi/2/3 tassi sultanasid (kuldseid rosinaid)

100 g/4 untsi/2/3 tassi rosinaid

225 g/8 untsi/2 tassi isekerkivat (isekerkivat) jahu

10 ml/2 tl jahvatatud (õunakoogi) vürtsi

Pane kõik koostisosad kaussi ja klopi ühtlaseks või töötle köögikombainis. Tõsta lusikaga määritud ja vooderdatud 20 cm/8 koogivormi (pannile) ja küpseta eelkuumutatud ahjus temperatuuril 160°C/325°F/gaasimärk 3 pool tundi, kuni keskele torgatud varras tuleb puhtana välja. Jätke vormis 5 minutiks seisma, seejärel tõstke jahtumise lõpetamiseks restile.

Kõik-ühes pann puuviljakook

Teeb ühe 20 cm/8 kooki

350 g/12 untsi/2 tassi kuivatatud puuvilju (puuviljakoogi segu)

100 g/4 untsi/½ tassi võid või margariini

100 g/4 untsi/½ tassi pehmet pruuni suhkrut

150 ml / ¼ pt / 2/3 tassi vett

2 suurt muna, lahtiklopitud

225 g/8 untsi/2 tassi isekerkivat (isekerkivat) jahu

5 ml/1 tl jahvatatud (õunakoogi) vürtsi

Pane puuviljad, või või margariin, suhkur ja vesi pannile, kuumuta keemiseni ja hauta siis tasasel tulel 15 minutit. Jäta jahtuma. Sega vaheldumisi jahu ja segatud vürtsiga lusikate kaupa mune ning sega korralikult läbi. Tõsta lusikaga määritud 20 cm/8 koogivormi (panni) ja küpseta eelkuumutatud ahjus temperatuuril 140°C/275°F/gaasimärk 1 1–1,5 tundi, kuni keskele torgatud varras tuleb puhtana välja.

Austraalia puuviljakook

Teeb ühe 900 g/2 naela koogi

100 g/4 untsi/½ tassi võid või margariini

225 g/8 untsi/1 tass pehmet pruuni suhkrut

250 ml/8 fl untsi/1 tass vett

350 g/12 untsi/2 tassi kuivatatud puuvilju (puuviljakoogi segu)

5 ml/1 tl soodavesinikkarbonaati (söögisoodat)

10 ml/2 tl jahvatatud (õunakoogi) vürtsi

5 ml/1 tl jahvatatud ingverit

100 g/4 untsi/1 tass isekerkivat (isekerkivat) jahu

100 g/4 untsi/1 tass tavalist (universaalset) jahu

1 muna, lahtiklopitud

Aja kõik koostisosad peale jahude ja muna pannil keema. Tõsta pliidilt ja jäta jahtuma. Sega hulka jahud ja muna. Asetage segu rasvainega määritud ja vooderdatud 900 g/2 naela pätsivormi (panni) ja küpsetage eelsoojendatud ahjus temperatuuril 160°C/325°F/gaasmark 3 1 tund, kuni see on hästi kerkinud ja keskele torgatud vardas tuleb. puhtaks välja.

Ameerika rikkalik kook

Teeb ühe 25 cm/10 kooki

225 g/8 untsi/11/3 tassi sõstraid

100 g/4 untsi/1 tass blanšeeritud mandleid

15 ml/1 spl apelsiniõievett

45 ml/3 spl kuiva šerrit

1 suur munakollane

2 muna

350 g/12 untsi/1½ tassi võid või margariini, pehmendatud

175 g/6 untsi/¾ tassi tuhksuhkrut (ülipeent).

Näputäis jahvatatud muskaati

Näputäis jahvatatud kaneeli

Näputäis jahvatatud nelki

Näputäis jahvatatud ingverit

Näputäis riivitud muskaatpähklit

30 ml/2 spl brändit

225 g/8 untsi/2 tassi tavalist (universaalset) jahu

50 g/2 untsi/½ tassi hakitud segatud (suhkreeritud) koort

Leota sõstraid 15 minutit kuumas vees, seejärel nõruta hästi. Jahvatage mandlid apelsiniõievee ja 15 ml/1 spl šerriga peeneks. Klopi lahti munakollane ja munad. Vahusta või või margariin ja suhkur, sega seejärel mandlisegu ja munad ning klopi valgeks ja paksuks. Lisa vürtsid, ülejäänud šerri ja brändi. Sega hulka jahu, seejärel sega hulka sõstrad ja segatud koor. Tõsta lusikaga määritud 25 cm/10 koogivormi ja küpseta eelkuumutatud ahjus temperatuuril 180°C/350°F/gaasmark 4 umbes 1 tund, kuni keskele torgatud varras tuleb puhtana välja.

jaanileivapuu puuviljakook

Teeb ühe 18 cm/7 kooki

450 g/1 nael/2⅔ tassi rosinaid

300 ml/½ pt/1¼ tassi apelsinimahla

175 g/6 untsi/¾ tassi võid või margariini, pehmendatud

3 muna, kergelt lahtiklopitud

225 g/8 untsi/2 tassi tavalist (universaalset) jahu

75 g/3 untsi/¾ tassi jaanileivapulbrit

10 ml/2 tl küpsetuspulbrit

2 apelsini riivitud koor

50 g/2 untsi/½ tassi kreeka pähkleid, hakitud

Leota rosinaid üleöö apelsinimahlas. Blenderda või või margariin ja munad ühtlaseks massiks. Sega vähehaaval hulka rosinad ja apelsinimahl ning ülejäänud ained. Tõsta lusikaga määritud ja vooderdatud 18 cm/7 koogivormi (pann) ja küpseta eelsoojendatud ahjus 180°C/350°F/gaasmärk 4 30 minutit, seejärel alandage ahju temperatuuri 160°C/325°-ni. F/gaasi märgis 3 veel 1¼ tundi, kuni keskele torgatud varras tuleb puhtana välja. Lase vormis 10 minutit jahtuda, enne kui tõstad jahtumise lõpetamiseks restile.

Kohvi-puuviljakook

Teeb ühe 25 cm/10 kooki

450 g/1 naela/2 tassi tuhksuhkrut (ülipeent).

450 g/1 nael/2 tassi kivideta (kivideta) datleid, tükeldatud

450 g/1 nael/22/3 tassi rosinaid

450 g/1 nael/22/3 tassi sultanasid (kuldseid rosinaid)

100 g/4 untsi/½ tassi glaseeritud (suhkrustatud) kirsse, tükeldatud

100 g/4 untsi/1 tass hakitud segatud pähkleid

450 ml/¾ pt/2 tassi kanget musta kohvi

120 ml/4 fl untsi/½ tassi õli

100 g/4 untsi/1/3 tassi kuldset (hele maisi) siirupit

10 ml/2 tl jahvatatud kaneeli

5 ml/1 tl riivitud muskaatpähklit

Näputäis soola

10 ml/2 tl soodavesinikkarbonaati (söögisoodat)

15 ml / 1 spl vett

2 muna, kergelt lahtiklopitud

450 g/1 nael/4 tassi tavalist (universaalset) jahu

120 ml / 4 fl untsi / ½ tassi šerrit või brändit

Aja kõik koostisained peale soodavesinikkarbonaadi, vee, munade, jahu ja šerri või brändi tugeval pannil keema. Keeda 5 minutit pidevalt segades, seejärel tõsta tulelt ja lase jahtuda.

Sega soodavesinikkarbonaat veega ning lisa munade ja jahuga puuviljasegule. Tõsta lusikaga määritud ja vooderdatud 25 cm/10 koogivormi (panni) ja seo kahekordne kiht rasvakindlat (vahatatud) paberit ümber vormi, et see jääks vormi ülaosast kõrgemale. Küpseta eelkuumutatud ahjus 160°C/325°F/gaasimärgis 3 1 tund. Alandage ahju temperatuuri 150°C/300°F/gaasimärgise 2-ni ja küpsetage veel 1 tund. Alandage ahju temperatuuri 140°C/275°F/gaasimärgise 1-ni ja küpsetage kolmas tund. Alandage ahju temperatuuri uuesti 120°C/250°F/gaasimärgi ½-ni ja küpsetage viimane tund, kattes koogi ülaosa rasvakindla (vahatatud) paberiga, kui see hakkab liiga pruuniks minema. Küpsemisel tuleb keskele torgatud varras puhtana välja ja kook hakkab vormi külgedelt eemale tõmbuma.

Cornish Heavy kook

Teeb ühe 900 g/2 naela koogi

350 g/12 untsi/3 tassi tavalist (universaalset) jahu

2,5 ml / ½ tl soola

175 g/6 untsi/¾ tassi seapekk (lühenemine)

75 g/3 untsi/1/3 tassi tuhksuhkrut (ülipeent).

175 g/6 untsi/1 tass sõstraid

Natuke hakitud segatud (suhkreeritud) koort (valikuline)

Umbes 150 ml/¼ pt/2/3 tassi piima ja vee segu

1 muna, lahtiklopitud

Aseta jahu ja sool kaussi, seejärel hõõru pekk, kuni segu meenutab riivsaia. Sega hulka ülejäänud kuivained. Lisa vähehaaval nii palju piima ja vett, et tekiks jäik tainas. See ei võta väga palju. Rulli rasvaga määritud küpsetusplaadile umbes 1 cm/½ paksuseks. Glasuur lahtiklopitud munaga. Joonista noaotsaga ülaosale risti-rästi muster. Küpseta eelkuumutatud ahjus 160°C/325°F/gaasimärgis 3 umbes 20 minutit, kuni see on kuldne. Lase jahtuda, seejärel lõika ruutudeks.

Sõstrakook

Teeb ühe 23 cm/9 kooki

225 g/8 untsi/1 tass võid või margariini

300 g/11 untsi/1½ tassi tuhksuhkrut (ülipeent).

Näputäis soola

100 ml/3½ fl untsi/6½ spl keevat vett

3 muna

400 g/14 untsi/3½ tassi tavalist (universaalset) jahu

175 g/6 untsi/1 tass sõstraid

50 g/2 untsi/½ tassi hakitud segatud (suhkreeritud) koort

100 ml/3½ fl untsi/6½ spl külma vett

15 ml/1 spl küpsetuspulbrit

Pane või või margariin, suhkur ja sool kaussi, vala üle keeva veega ja lase pehmeneda. Vahusta kiiresti heledaks ja kreemjaks. Lisa vähehaaval munad, seejärel sega hulka jahu, sõstrad ja segatud koor vaheldumisi külma veega. Sega juurde küpsetuspulber. Tõsta tainas lusikaga võiga määritud 23 cm/9 koogivormi (pannile) ja küpseta eelkuumutatud ahjus 180°C/350°F/gaasimärk 4 30 minutit. Alandage ahju temperatuuri 150°C/300°F/gaasimärgis 2 ja küpsetage veel 40 minutit, kuni keskele torgatud varras tuleb puhtana välja. Lase vormis 10 minutit jahtuda, enne kui keerad välja, et restil jahtuda.

Tume puuviljakook

Teeb ühe 25 cm/10 kooki

225 g/8 untsi/1 tass hakitud segatud glasuuri (suhkreeritud) puuvilju

350 g/12 untsi/2 tassi kivideta (kivideta) datleid, tükeldatud

225 g/8 untsi/11/3 tassi rosinaid

225 g/8 untsi/1 tass glace (suhkrustatud) kirsse, tükeldatud

100 g/4 untsi/½ tassi glace (suhkrustatud) ananassi, tükeldatud

100 g/4 untsi/1 tass hakitud segatud pähkleid

225 g/8 untsi/2 tassi tavalist (universaalset) jahu

5 ml/1 tl soodavesinikkarbonaati (söögisoodat)

5 ml/1 tl jahvatatud kaneeli

2,5 ml/½ tl piment

1,5 ml/¼ tl jahvatatud nelki

1,5 ml / ¼ tl soola

225 g/8 untsi/1 tass seapekk (lühenemine)

225 g/8 untsi/1 tass pehmet pruuni suhkrut

3 muna

175 g/6 untsi/½ tassi musta siirup (melass)

2,5 ml/½ tl vaniljeessentsi (ekstrakt)

120 ml/4 fl untsi/½ tassi petipiima

Sega omavahel puuviljad ja pähklid. Sega omavahel jahu, soodavesinikkarbonaat, vürtsid ja sool ning sega 50 g/2 untsi/½ tassi puuvilja hulka. Vahusta seapekk ja suhkur heledaks ja kohevaks vahuks. Lisa vähehaaval munad, pärast iga lisamist korralikult kloppides. Sega hulka siirup ja vaniljeessents. Sega hulka vaheldumisi ülejäänud jahuseguga pett ja klopi ühtlaseks. Sega hulka puuviljad. Tõsta lusikaga määritud ja vooderdatud 25 cm/10 koogivormi (pannile) ja küpseta eelkuumutatud ahjus temperatuuril 140°C/275°F/gaasmärk 1 2½ tundi, kuni keskele torgatud varras tuleb puhtana välja. Lase 10 minutit vormis jahtuda, seejärel kummuta restile jahtumise lõpetamiseks.

Lõika ja tule uuesti kook

Teeb ühe 20 cm/8 kooki

275 g/10 untsi/12/3 tassi kuivatatud puuvilju (puuviljakoogi segu)

100 g/4 untsi/½ tassi võid või margariini

150 ml / ¼ pt / 2/3 tassi vett

1 muna, lahtiklopitud

225 g/8 untsi/2 tassi tavalist (universaalset) jahu

Näputäis soola

100 g/4 untsi/½ tassi tuhksuhkrut (ülipeent).

Pane puuviljad, või või margariin ja vesi pannile ning hauta 20 minutit. Lase jahtuda. Lisa muna, seejärel sega järk-järgult jahu, sool ja suhkur. Tõsta lusikaga määritud 20 cm/8 koogivormi (panni) ja küpseta eelkuumutatud ahjus temperatuuril 160°C/325°F/gaasimärk 3 1¼ tundi, kuni keskele torgatud varras tuleb puhtana välja.

Dundee kook

Teeb ühe 20 cm/8 kooki

225 g/8 untsi/1 tass võid või margariini, pehmendatud

225 g/8 untsi/1 tass tuhksuhkrut (ülipeent).

4 suurt muna

225 g/8 untsi/2 tassi tavalist (universaalset) jahu

Näputäis soola

350 g/12 untsi/2 tassi sõstraid

350 g/12 untsi/2 tassi sultanasid (kuldseid rosinaid)

175 g/6 untsi/1 tass hakitud segatud (suhkreeritud) koort

100 g/4 untsi/1 tass glace (suhkrustatud) kirsse, neljandikku

½ sidruni riivitud koor

50 g/2 untsi terveid mandleid, blanšeeritud

Vahusta või ja suhkur heledaks vahuks. Klopi ükshaaval sisse munad, iga lisamise vahel korralikult vahustades. Sega hulka jahu ja sool. Sega hulka puuviljad ja sidrunikoor. Haki pooled mandlid ja lisa need segule. Tõsta lusikaga määritud ja vooderdatud 20 cm/8 koogivormi (panni) ja seo vormi välisküljele pruun pabeririba nii, et see oleks vormist umbes 5 cm/2 võrra kõrgem. Poolita reserveeritud mandlid ja aseta need kontsentrilisteks ringideks koogi peale. Küpseta eelkuumutatud ahjus 150°C/300°F/gaasimärk 2 3½ tundi, kuni keskele torgatud varras tuleb puhtana välja. Kontrollige 2,5 tunni pärast ja kui kook hakkab pealt liiga pruuniks tõmbuma, katke niiske rasvakindla (vahatatud) paberiga ja alandage ahju temperatuur viimaseks küpsetustunniks 140°C/275°F/gaasitähis 1.

Üleöö munadeta puuviljakook

Teeb ühe 20 cm/8 kooki

50 g/2 untsi/¼ tassi võid või margariini

225 g/8 untsi/2 tassi isekerkivat (isekerkivat) jahu

5 ml/1 tl soodavesinikkarbonaati (söögisoodat)

5 ml/1 tl riivitud muskaatpähklit

5 ml/1 tl jahvatatud (õunakoogi) vürtsi

Näputäis soola

225 g/8 untsi/11/3 tassi kuivatatud puuvilju (puuviljakoogi segu)

100 g/4 untsi/½ tassi pehmet pruuni suhkrut

250 ml/8 fl untsi/1 tass piima

Hõõru võid või margariini jahu, soodavesinikkarbonaadi, maitseainete ja soola hulka, kuni segu meenutab riivsaia. Segage puuviljad ja suhkur, seejärel segage piim, kuni kõik koostisosad on hästi segunenud. Katke ja jäta üleöö.

Tõsta segu lusikaga määritud ja vooderdatud 20 cm/8 koogivormi (pannile) ja küpseta eelkuumutatud ahjus 180°C/350°F/gaasmärk 4 1¾ tundi, kuni keskele torgatud varras tuleb puhtana välja.

Lollikindel puuviljakook

Teeb ühe 23 cm/9 kooki

225 g/8 untsi/1 tass võid või margariini

200 g / 7 untsi / napp 1 tass (ülipeen) suhkrut

175 g/6 untsi/1 tass sõstraid

175 g/6 untsi/1 tass sultanasid (kuldseid rosinaid)

50 g/2 untsi/½ tassi hakitud segatud (suhkreeritud) koort

75 g/3 untsi/½ tassi kivideta (kivideta) datleid, tükeldatud

5 ml/1 tl soodavesinikkarbonaati (söögisoodat)

200 ml / 7 fl untsi / napp 1 tass vett

75 g/2 untsi/¼ tassi glace (suhkrustatud) kirsse, tükeldatud

100 g/4 untsi/1 tass hakitud segatud pähkleid

60 ml/4 spl brändit või šerrit

300 g/11 untsi/2¾ tassi tavalist (universaalset) jahu

5 ml/1 tl küpsetuspulbrit

Näputäis soola

2 muna, kergelt lahtiklopitud

Sulata või või margariin, seejärel sega hulka suhkur, sõstrad, sultanad, segatud koor ja datlid. Sega soodavesinikkarbonaat vähese veega ja sega ülejäänud veega puuviljasegusse. Kuumuta keemiseni, seejärel keeda tasasel tulel 20 minutit, aeg-ajalt segades. Kata ja jäta üleöö seisma.

Määri ja vooderda 23 cm/9 koogivorm (pann) ning seo vormi ülaosa kohale kahekordne kiht rasvakindlat (vahatatud) või pruuni paberit. Sega segusse glacekirsid, pähklid ja brändi või šerri, seejärel sega hulka jahu, küpsetuspulber ja sool. Sega juurde munad. Tõsta lusikaga ettevalmistatud koogivormi ja küpseta eelsoojendatud ahjus 160°C/ 325°F/gaasimärk 3 1 tund. Alandage ahju temperatuuri 140°C/275°F/gaasimärgis 1 ja küpsetage veel 1 tund. Alandage ahju temperatuuri uuesti 120°C/250°F/gaasimärgi ½ kohta ja küpsetage veel 1 tund, kuni keskele torgatud varras tuleb puhtana välja. Katke koogi ülaosa küpsetusaja lõpupoole rasvakindla või pruuni paberi ringiga, kui see on üle pruunistunud. Lase vormis 30 minutit jahtuda, seejärel tõsta jahtumise lõpetamiseks restile.

Ingveri puuviljakook

Teeb ühe 18 cm/7 kooki

100 g/4 untsi/½ tassi võid või margariini, pehmendatud

100 g/4 untsi/½ tassi tuhksuhkrut (ülipeent).

2 muna, kergelt lahtiklopitud

30 ml/2 spl piima

225 g/8 untsi/2 tassi isekerkivat (isekerkivat) jahu

5 ml/1 tl küpsetuspulbrit

10 ml/2 tl jahvatatud (õunakoogi) vürtsi

5 ml/1 tl jahvatatud ingverit

100 g/4 untsi/2/3 tassi rosinaid

100 g/4 untsi/2/3 tassi sultanasid (kuldseid rosinaid)

Vahusta või või margariin ja suhkur heledaks ja kohevaks vahuks. Sega vähehaaval hulka munad ja piim, seejärel sega hulka jahu, küpsetuspulber ja maitseained ning seejärel puuviljad. Tõsta segu lusikaga määritud ja vooderdatud 18 cm/7 koogivormi (pannile) ja küpseta eelkuumutatud ahjus temperatuuril 160°C/325°F/gaasmark 3 1¼ tundi, kuni see on hästi kerkinud ja kuldpruun.

Talumaja mee-puuviljakook

Teeb ühe 20 cm/8 kooki

175 g/6 untsi/2/3 tassi võid või margariini, pehmendatud

175 g/6 untsi/½ tassi selget mett

1 sidruni riivitud koor

3 muna, kergelt lahtiklopitud

225 g/8 untsi/2 tassi täistera (täistera)jahu

10 ml/2 tl küpsetuspulbrit

5 ml/1 tl jahvatatud (õunakoogi) vürtsi

100 g/4 untsi/2/3 tassi rosinaid

100 g/4 untsi/2/3 tassi sultanasid (kuldseid rosinaid)

100 g/4 untsi/2/3 tassi sõstraid

50 g/2 untsi/1/3 tassi toiduvalmis kuivatatud aprikoose, tükeldatud

50 g/2 untsi/1/3 tassi hakitud segatud (suhkreeritud) koort

25 g/1 unts/¼ tassi jahvatatud mandleid

25 g/1 unts/¼ tassi mandleid

Vahusta või või margariin, mesi ja sidrunikoor heledaks ja kohevaks kreemiks. Lisa vähehaaval munad, seejärel sega hulka jahu, küpsetuspulber ja segatud vürtsid. Sega hulka puuviljad ja jahvatatud mandlid. Tõsta lusikaga määritud ja vooderdatud 20 cm/8 koogivormi (panni) ja tee keskele kerge lohk. Aseta mandlid ümber koogi ülemise serva. Küpsetage eelkuumutatud ahjus 160°C/325°F/gaasimärk 3 2–2,5 tundi, kuni keskele torgatud varras tuleb puhtana välja. Katke koogi ülaosa küpsetusaja lõpupoole rasvakindla (vahatatud) paberiga, kui see on üle pruunistunud. Lase vormis 10 minutit jahtuda, enne kui tõstad jahtumise lõpetamiseks restile.

Genova kook

Teeb ühe 23 cm/9 kooki

225 g/8 untsi/1 tass võid või margariini, pehmendatud

100 g/4 untsi/½ tassi tuhksuhkrut (ülipeent).

4 muna, eraldatud

5 ml/1 tl mandli essentsi (ekstrakt)

5 ml/1 tl riivitud apelsinikoort

225 g/8 untsi/11/3 tassi rosinaid, tükeldatud

100 g/4 untsi/2/3 tassi sõstraid, tükeldatud

100 g/4 untsi/2/3 tassi sultanasid (kuldseid rosinaid), tükeldatud

50 g/2 untsi/¼ tassi glace (suhkrustatud) kirsse, tükeldatud

50 g/2 untsi/1/3 tassi hakitud segatud (suhkreeritud) koort

100 g/4 untsi/1 tass jahvatatud mandleid

25 g/1 unts/¼ tassi mandleid

350 g/12 untsi/3 tassi tavalist (universaalset) jahu

10 ml/2 tl küpsetuspulbrit

5 ml/1 tl jahvatatud kaneeli

Vahusta või või margariin ja suhkur, seejärel klopi hulka munakollased, mandlisesents ja apelsinikoor. Sega puuviljad ja pähklid vähese jahuga kuni kattumiseni, seejärel sega lusikate kaupa jahu, küpsetuspulbrit ja kaneeli vaheldumisi lusikatäie puuviljaseguga, kuni kõik on hästi segunenud. Vahusta munavalged tugevaks vahuks, seejärel sega segu hulka. Tõsta lusikaga määritud ja vooderdatud 23 cm/9 koogivormi (pann) ja küpseta eelsoojendatud ahjus 190°C/375°F/gaasimärk 5 30 minutit, seejärel alandage ahju temperatuuri 160°C/325°-ni. F/gas mark 3 veel 1½ tundi, kuni see on katsudes vetruv ja keskele torgatud varras tuleb puhtana välja. Lase vormis jahtuda.

Glacé puuviljakook

Teeb ühe 23 cm/9 kooki

225 g/8 untsi/1 tass võid või margariini, pehmendatud

225 g/8 untsi/1 tass tuhksuhkrut (ülipeent).

4 muna, kergelt lahtiklopitud

45 ml/3 spl brändit

250 g/9 untsi/1¼ tassi tavalist (universaalset) jahu

2,5 ml/½ tl küpsetuspulbrit

Näputäis soola

225 g/8 untsi/1 tass segatud glaseeritud puuvilju, nagu kirsid, ananass, apelsinid, viigimarjad, viilutatud

100 g/4 untsi/2/3 tassi rosinaid

100 g/4 untsi/2/3 tassi sultanasid (kuldseid rosinaid)

75 g/3 untsi/½ tassi sõstraid

50 g/2 untsi/½ tassi hakitud segatud pähkleid

1 sidruni riivitud koor

Vahusta või või margariin ja suhkur heledaks ja kohevaks vahuks. Sega vähehaaval hulka munad ja brändi. Segage eraldi kausis ülejäänud koostisosad, kuni puuviljad on hästi jahuga kaetud. Sega segusse ja sega korralikult läbi. Tõsta lusikaga määritud 23 cm/9 koogivormi (pannile) ja küpseta eelkuumutatud ahjus 180°C/350°F/gaasimärk 4 30 minutit. Alandage ahju temperatuuri 150°C/300°F/gaasimärgis 3 ja küpsetage veel 50 minutit, kuni keskele torgatud varras tuleb puhtana välja.

Guinnessi puuviljakook

Teeb ühe 23 cm/9 kooki

225 g/8 untsi/1 tass võid või margariini

225 g/8 untsi/1 tass pehmet pruuni suhkrut

300 ml/½ pt/1¼ tassi Guinnessi või stout

225 g/8 untsi/11/3 tassi rosinaid

225 g/8 untsi/11/3 tassi sultanasid (kuldseid rosinaid)

225 g/8 untsi/11/3 tassi sõstraid

100 g/4 untsi/2/3 tassi hakitud segatud (suhkreeritud) koort

550 g/1¼ naela/5 tassi tavalist (universaalset) jahu

2,5 ml/½ tl soodavesinikkarbonaati (söögisoodat)

5 ml/1 tl jahvatatud (õunakoogi) vürtsi

2,5 ml/½ tl riivitud muskaatpähklit

3 muna, kergelt lahtiklopitud

Kuumutage või või margariin, suhkur ja Guinness väikesel pannil tasasel tulel keemiseni, segades, kuni need on hästi segunenud. Sega hulka puuviljad ja segatud koor, lase keema tõusta, seejärel hauta 5 minutit. Tõsta pliidilt ja jäta jahtuma.

Sega omavahel jahu, soodavesinikkarbonaat ja maitseained ning tee keskele süvend. Lisage jahe puuviljasegu ja munad ning segage, kuni see on hästi segunenud. Tõsta lusikaga määritud ja vooderdatud 23 cm/9 koogivormi (pannile) ja küpseta eelkuumutatud ahjus 160°C/325°F/gaasimärk 3 2 tundi, kuni keskele torgatud varras tuleb puhtana välja. Lase 20 minutit vormis jahtuda, seejärel kummuta restile jahtumise lõpetamiseks.

Hakkliha kook

Teeb ühe 20 cm/8 kooki

225 g/8 untsi/2 tassi isekerkivat (isekerkivat) jahu

350 g/12 untsi/2 tassi hakkliha

75 g/3 untsi/½ tassi kuivatatud puuvilju (puuviljakoogi segu)

3 muna

150 g/5 untsi/2/3 tassi pehmet margariini

150 g/5 untsi/2/3 tassi pehmet pruuni suhkrut

Segage kõik koostisosad hästi segunemiseni. Tõsta rasvainega määritud ja vooderdatud 20 cm/8 koogivormi ja küpseta eelkuumutatud ahjus temperatuuril 160°C/325°F/gaasmark 3 1¾ tundi, kuni see on hästi kerkinud ja katsudes kõva.

Kaera ja aprikoosi puuviljakook

Teeb ühe 20 cm/8 kooki

175 g/6 untsi/¾ tassi võid või margariini, pehmendatud

50 g/2 untsi/¼ tassi pehmet pruuni suhkrut

30 ml/2 spl selget mett

3 muna, lahtiklopitud

175 g/6 untsi/¼ tassi täistera (täistera)jahu

50 g/2 untsi/½ tassi kaerajahu

10 ml/2 tl küpsetuspulbrit

250 g/9 untsi/1½ tassi kuivatatud puuvilju (puuviljakoogi segu)

50 g/2 untsi/1/3 tassi toiduvalmis kuivatatud aprikoose, tükeldatud

Riivitud koor ja 1 sidruni mahl

Vahusta või või margariin ja suhkur meega heledaks ja kohevaks vahuks. Klopi munad järk-järgult sisse vaheldumisi jahude ja küpsetuspulbriga. Sega juurde kuivatatud puuviljad ja sidrunimahl ning koor. Tõsta lusikaga määritud ja vooderdatud 20 cm/8 koogivormi (pann) ja küpseta eelkuumutatud ahjus 180°C/350°F/gaasmärk 4 1 tund. Alandage ahju temperatuuri 160°C/325°F/gaasimärgis 3 ja küpsetage veel 30 minutit, kuni keskele torgatud varras tuleb puhtana välja. Kata pealt küpsetuspaberiga, kui kook hakkab liiga kiiresti pruunistuma.

Üleöö puuviljakook

Teeb ühe 20 cm/8 kooki

450 g/1 nael/4 tassi tavalist (universaalset) jahu

225 g/8 untsi/1 1/3 tassi sõstraid

225 g/8 untsi/1 1/3 tassi sultanasid (kuldseid rosinaid)

225 g/8 untsi/1 tass pehmet pruuni suhkrut

50 g/2 untsi/1/3 tassi hakitud segatud (suhkreeritud) koort

175 g/6 untsi/¾ tassi seapekk (lühenemine)

15 ml/1 spl kuldset (hele maisi) siirupit

10 ml/2 tl soodavesinikkarbonaati (söögisoodat)

15 ml/1 spl piima

300 ml/½ pt/1¼ tassi vett

Sega omavahel jahu, puuviljad, suhkur ja koor. Sulata pekk ja siirup kokku ning sega segusse. Lahusta soodavesinikkarbonaat piimas ja sega koos veega koogisegusse. Tõsta lusikaga määritud 20 cm/8 koogivormi (panni), kata ja jäta üleöö seisma.

Küpsetage kooki eelkuumutatud ahjus temperatuuril 160 °C/375 °F/gaasimärk 3 1¾ tundi, kuni keskele torgatud varras tuleb puhtana välja.

Rosina- ja vürtsikook

Teeb ühe 900 g/2 naela pätsi

225 g/8 untsi/1 tass pehmet pruuni suhkrut

300 ml/½ pt/1¼ tassi vett

100 g/4 untsi/½ tassi võid või margariini

15 ml/1 spl musta siirup (melass)

175 g/6 untsi/1 tass rosinaid

5 ml/1 tl jahvatatud kaneeli

2.5 ml/½ tl riivitud muskaatpähklit

2,5 ml/½ tl piment

225 g/8 untsi/2 tassi tavalist (universaalset) jahu

5 ml/1 tl küpsetuspulbrit

5 ml/1 tl soodavesinikkarbonaati (söögisoodat)

Sulata suhkur, vesi, või või margariin, siirup, rosinad ja vürtsid väikesel pannil keskmisel kuumusel pidevalt segades. Kuumuta keemiseni ja hauta 5 minutit. Tõsta pliidilt ja klopi hulka ülejäänud koostisosad. Tõsta segu lusikaga määritud ja vooderdatud 900 g/2 naela pätsivormi (pannile) ja küpseta eelkuumutatud ahjus temperatuuril 180°C/350°F/gaasmark 4 50 minutit, kuni keskele torgatud varras tuleb puhtana välja.

Richmondi kook

Teeb ühe 15 cm/6 kooki

225 g/8 untsi/2 tassi tavalist (universaalset) jahu

Näputäis soola

75 g/3 untsi/1/3 tassi võid või margariini

100 g/4 untsi/½ tassi tuhksuhkrut (ülipeent).

2,5 ml/½ tl küpsetuspulbrit

100 g/4 untsi/2/3 tassi sõstraid

2 muna, lahtiklopitud

Natuke piima

Pane jahu ja sool kaussi ning hõõru või või margariiniga, kuni segu meenutab riivsaia. Sega juurde suhkur, küpsetuspulber ja sõstrad. Lisa munad ja nii palju piima, et segada kõvaks tainaks. Tõsta rasvainega määritud ja vooderdatud 15 cm/6 koogivormi. Küpseta eelkuumutatud ahjus 190°C/375°F/gaasimärk 5 umbes 45 minutit, kuni keskele torgatud varras tuleb puhtana välja. Lase restil jahtuda.

Safrani puuviljakook

Teeb kaks 450 g/1 naela kooki

2,5 ml/½ tl safranikiudu

Soe vesi

15 g/½ untsi värsket pärmi või 20 ml/4 tl kuivatatud pärmi

900 g/2 naela/8 tassi tavalist (universaalset) jahu

225 g/8 untsi/1 tass tuhksuhkrut (ülipeent).

2,5 ml/½ tl jahvatatud (õunakoogi) vürtsi

Näputäis soola

100 g/4 untsi/½ tassi seapekk (lühenemine)

100 g/4 untsi/½ tassi võid või margariini

300 ml/½ pt/1¼ tassi sooja piima

350 g/12 untsi/2 tassi kuivatatud puuvilju (puuviljakoogi segu)

50 g / 2 untsi / 1/3 tassi tükeldatud segatud (suhkreeritud) koort

Tükelda safranikiud ja leota öö läbi 45 ml/3 spl soojas vees.

Sega pärm 30 ml/2 spl jahu, 5 ml/1 tl suhkru ja 75 ml/5 spl sooja veega ning jäta 20 minutiks sooja kohta vahutama.

Sega kokku ülejäänud jahu ja suhkur vürtsi ja soolaga. Hõõruge sisse searasv ja või või margariin, kuni segu meenutab riivsaia, seejärel tehke keskele süvend. Lisa pärmisegu, safran ja safranivedelik, soe piim, puuviljad ja segatud koor ning sega pehmeks tainaks. Aseta õliga määritud kaussi, kata toidukilega (kilega) ja jäta 3 tunniks sooja kohta seisma.

Vormige kaks pätsi, asetage kahte rasvainega määritud 450 g/1 naela pätsivormi (pannid) ja küpsetage eelkuumutatud ahjus temperatuuril 220°C/450°F/gaasimärk 7 40 minutit, kuni need on hästi kerkinud ja kuldpruunid.

Sooda puuviljakook

Teeb ühe 450 g/1 naela koogi

225 g/8 untsi/2 tassi tavalist (universaalset) jahu

1,5 ml / ¼ tl soola

Näputäis soodavesinikkarbonaati (söögisoodat)

50 g/2 untsi/¼ tassi võid või margariini

50 g/2 untsi/¼ tassi tuhksuhkrut (ülipeent).

100 g/4 untsi/2/3 tassi kuivatatud puuvilju (puuviljakoogi segu)

150 ml/¼ pt/2/3 tassi hapupiima või piima 5 ml/1 tl sidrunimahlaga

5 ml/1 tl musta siirup (melass)

Sega kausis omavahel jahu, sool ja soodavesinikkarbonaat. Hõõru sisse võid või margariini, kuni segu meenutab riivsaia. Sega juurde suhkur ja puuviljad ning sega korralikult läbi. Kuumuta piima ja siirupi, kuni siirup on sulanud, seejärel lisa kuivainetele ja sega tugevaks taignaks. Tõsta lusikaga määritud 450 g/1 naela leivavormi (pannile) ja küpseta eelkuumutatud ahjus temperatuuril 190°C/375°F/gaasimärk 5 umbes 45 minutit, kuni see on kuldne.

Kiire puuviljakook

Teeb ühe 20 cm/8 kooki

450 g/1 nael/22/3 tassi segatud kuivatatud puuvilju (puuviljakoogi segu)

225 g/8 untsi/1 tass pehmet pruuni suhkrut

100 g/4 untsi/½ tassi võid või margariini

150 ml / ¼ pt / 2/3 tassi vett

2 muna, lahtiklopitud

225 g/8 untsi/2 tassi isekerkivat (isekerkivat) jahu

Kuumuta puuviljad, suhkur, või või margariin ja vesi keemiseni, seejärel kata kaanega ja hauta tasasel tulel 15 minutit. Jäta jahtuma. Klopi sisse munad ja jahu, seejärel tõsta segu lusikaga määritud ja vooderdatud 20 cm/8 koogivormi ning küpseta eelsoojendatud ahjus temperatuuril 150°C/300°F/gaasmark 3 1½ tundi, kuni pealt on pruunistunud ja kokkutõmbunud. eemale tina külgedest.

Kuuma tee puuviljakook

Teeb ühe 900 g/2 naela koogi

450 g/1 nael/2½ tassi kuivatatud puuvilju (puuviljakoogi segu)

300 ml/½ pt/1¼ tassi kuuma musta teed

350 g/10 untsi/1¼ tassi pehmet pruuni suhkrut

350 g/10 untsi/2½ tassi isekerkivat (isekerkivat) jahu

1 muna, lahtiklopitud

Asetage puuviljad kuuma tee sisse ja laske üleöö leotada. Sega juurde suhkur, jahu ja muna ning keera võiga määritud ja vooderdatud 900 g/2 naela leivavormi (pannile). Küpsetage eelkuumutatud ahjus temperatuuril 160°C/325°F/gaasimärk 3 2 tundi, kuni see on hästi kerkinud ja kuldpruun.

Külma tee puuviljakook

Teeb ühe 15 cm/6 kooki

100 g/4 untsi/½ tassi võid või margariini

225 g/8 untsi/1 1/3 tassi kuivatatud puuvilju (puuviljakoogi segu)

250 ml/8 fl untsi/1 tass külma musta teed

225 g/8 untsi/2 tassi isekerkivat (isekerkivat) jahu

100 g/4 untsi/½ tassi tuhksuhkrut (ülipeent).

5 ml/1 tl soodavesinikkarbonaati (söögisoodat)

1 suur muna

Sulata potis või või margariin, lisa puuviljad ja tee ning kuumuta keemiseni. Hauta 2 minutit, seejärel lase jahtuda. Segage ülejäänud koostisosad ja segage hästi. Tõsta lusikaga määritud ja vooderdatud 15 cm/6 koogivormi ning küpseta eelkuumutatud ahjus temperatuuril 160°C/325°F/gaasmark 3 1¼–1½ tundi, kuni see on katsudes kõva. Lase jahtuda, seejärel serveeri viilutatuna ja võiga määrituna.

Suhkruvaba puuviljakook

Teeb ühe 20 cm/8 kooki

4 kuivatatud aprikoosi

60 ml/4 spl apelsinimahla

250 ml/8 fl untsi/1 tass stout

100 g/4 untsi/2/3 tassi sultanasid (kuldseid rosinaid)

100 g/4 untsi/2/3 tassi rosinaid

50 g/2 untsi/¼ tassi sõstraid

50 g/2 untsi/¼ tassi võid või margariini

225 g/8 untsi/2 tassi isekerkivat (isekerkivat) jahu

75 g/3 untsi/¾ tassi hakitud segatud pähkleid

10 ml/2 tl jahvatatud (õunakoogi) vürtsi

5 ml/1 tl lahustuvat kohvipulbrit

3 muna, kergelt lahtiklopitud

15 ml/1 spl brändit või viskit

Leota aprikoosid apelsinimahlas pehmeks, seejärel tükelda. Pane pannile koos stout'i, kuivatatud puuviljade ja või või margariiniga, kuumuta keemiseni ja hauta siis 20 minutit. Jäta jahtuma.

Sega omavahel jahu, pähklid, vürts ja kohv. Blenderda stout segu, munad ja brändi või viski. Tõsta segu lusikaga määritud ja vooderdatud 20 cm/8 koogivormi ning küpseta eelkuumutatud ahjus 180°C/350°F/gaasimärk 4 20 minutit. Alandage ahju temperatuuri 150°C/300°F/gaasimärgise 2-ni ja küpsetage veel poolteist tundi, kuni keskele torgatud varras tuleb puhtana välja. Katke küpsetusaja lõpu poole pealt rasvakindla (vahatatud) paberiga, kui see on üle pruunistunud. Lase vormis 10 minutit jahtuda, enne kui tõstad jahtumise lõpetamiseks restile.

Pisikesed puuviljakoogid

Teeb 48

100 g/4 untsi/½ tassi võid või margariini, pehmendatud

225 g/8 untsi/1 tass pehmet pruuni suhkrut

2 muna, kergelt lahtiklopitud

175 g/6 untsi/1 tass kivideta (kivideta) datleid, tükeldatud

50 g/2 untsi/½ tassi hakitud segatud pähkleid

15 ml/1 spl riivitud apelsinikoort

225 g/8 untsi/2 tassi tavalist (universaalset) jahu

5 ml/1 tl soodavesinikkarbonaati (söögisoodat)

2,5 ml / ½ tl soola

150 ml / ¼ pt / 2/3 tassi petipiima

6 glaseeritud (suhkrustatud) kirsi, viilutatud

Apelsini puuviljakoogi glasuur

Vahusta või või margariin ja suhkur heledaks ja kohevaks vahuks. Klopi vähehaaval sisse munad. Sega juurde datlid, pähklid ja apelsinikoor. Sega omavahel jahu, soodavesinikkarbonaat ja sool. Lisa segule vaheldumisi petipiimaga ja klopi ühtlaseks. Tõsta lusikaga määritud 5 cm/2 muffinivormidesse (pannidesse) ja kaunista kirssidega. Küpseta eelkuumutatud ahjus 190°C/375°F/gaasimärgis 5 20 minutit, kuni keskele torgatud varras tuleb puhtana välja. Tõsta jahutusrestile ja jäta soojaks, seejärel pintselda apelsiniglasuuriga.

Äädikas puuviljakook

Teeb ühe 23 cm/9 kooki

225 g/8 untsi/1 tass võid või margariini

450 g/1 nael/4 tassi tavalist (universaalset) jahu

225 g/8 untsi/1 1/3 tassi sultanasid (kuldseid rosinaid)

100 g/4 untsi/2/3 tassi rosinaid

100 g/4 untsi/2/3 tassi sõstraid

225 g/8 untsi/1 tass pehmet pruuni suhkrut

5 ml/1 tl soodavesinikkarbonaati (söögisoodat)

300 ml/½ pt/1¼ tassi piima

45 ml/3 spl linnaseäädikat

Hõõru võid või margariini jahu hulka, kuni segu meenutab riivsaia. Segage puuviljad ja suhkur ning tehke keskele süvend. Sega omavahel soodavesinikkarbonaat, piim ja äädikas – segu läheb vahule. Sega kuivainete hulka, kuni need on hästi segunenud. Tõsta segu lusikaga määritud ja vooderdatud 23 cm/9 koogivormi (pannile) ja küpseta eelkuumutatud ahjus 200°C/400°F/gaasimärk 6 25 minutit. Vähendage ahju temperatuuri 160°C/325°F/gaasitähisele 3 ja küpsetage veel pool tundi, kuni see on katsudes kuldne ja kõva. Lase vormis 5 minutit jahtuda, seejärel kummuta jahtumise lõpetamiseks restile.

Virginia viskikook

Teeb ühe 450 g/1 naela koogi

100 g/4 untsi/½ tassi võid või margariini, pehmendatud

50 g/2 untsi/¼ tassi tuhksuhkrut (ülipeent).

3 muna, eraldatud

175 g/6 untsi/1½ tassi tavalist (universaalset) jahu

5 ml/1 tl küpsetuspulbrit

Näputäis riivitud muskaatpähklit

Näputäis jahvatatud muskaati

120 ml / 4 fl untsi / ½ tassi ports

30 ml/2 spl brändit

100 g/4 untsi/2/3 tassi kuivatatud puuvilju (puuviljakoogi segu)

120 ml/4 fl untsi/½ tassi viskit

Vahusta või ja suhkur ühtlaseks vahuks. Sega hulka munakollased. Sega omavahel jahu, küpsetuspulber ja maitseained ning sega segusse. Sega juurde ports, brändi ja kuivatatud puuviljad. Vahusta munavalged pehmeks vahuks, seejärel sega segu hulka. Tõsta lusikaga määritud 450 g/1 naela pätsivormi (pannile) ja küpseta eelkuumutatud ahjus temperatuuril 160°C/325°F/gaasimark 3 1 tund, kuni keskele torgatud varras tuleb puhtana välja. Lase vormis jahtuda, seejärel kalla koogile viskiga ja lase enne tükeldamist 24 tundi vormis seista.

Walesi puuviljakook

Teeb ühe 23 cm/9 kooki

50 g/2 untsi/¼ tassi võid või margariini

50 g/2 untsi/¼ tassi seapekk (lühenemine)

225 g/8 untsi/2 tassi tavalist (universaalset) jahu

Näputäis soola

10 ml/2 tl küpsetuspulbrit

100 g/4 untsi/½ tassi demerara suhkrut

175 g/6 untsi/1 tass kuivatatud puuvilju (puuviljakoogi segu)

Riivitud koor ja ½ sidruni mahl

1 muna, kergelt lahtiklopitud

30 ml/2 spl piima

Hõõru või või margariin ja searasv jahu, soola ja küpsetuspulbri hulka, kuni segu meenutab riivsaia. Sega juurde suhkur, puuvilja- ja sidrunikoor ning mahl, seejärel sega hulka muna ja piim ning sõtku pehmeks tainaks. Vormi õliga määritud ja vooderdatud 23 cm/9 kandilisse küpsetusvormi (pann) ja küpseta eelsoojendatud ahjus temperatuuril 200°C/400°F/gaasimärk 6 20 minutit, kuni see on kerkinud ja kuldpruun.

Valge puuviljakook

Teeb ühe 23 cm/9 kooki

100 g/4 untsi/½ tassi võid või margariini, pehmendatud

225 g/8 untsi/1 tass tuhksuhkrut (ülipeent).

5 muna, kergelt lahtiklopitud

350 g/12 untsi/2 tassi kuivatatud puuvilju

350 g/12 untsi/2 tassi sultanasid (kuldseid rosinaid)

100 g/4 untsi/2/3 tassi kivideta (kivideta) datleid, tükeldatud

100 g/4 untsi/½ tassi glaseeritud (suhkrustatud) kirsse, tükeldatud

100 g/4 untsi/½ tassi glace (suhkrustatud) ananassi, tükeldatud

100 g/4 untsi/1 tass hakitud segatud pähkleid

225 g/8 untsi/2 tassi tavalist (universaalset) jahu

10 ml/2 tl küpsetuspulbrit

2,5 ml / ½ tl soola

60 ml/4 spl ananassimahla

Vahusta või või margariin ja suhkur heledaks ja kohevaks vahuks. Lisa vähehaaval munad, pärast iga lisamist korralikult kloppides. Sega omavahel kõik puuviljad, pähklid ja veidi jahu, kuni koostisosad on korralikult jahuga kaetud. Sega ülejäänud jahu hulka küpsetuspulber ja sool, seejärel sega see munasegu hulka vaheldumisi ananassimahlaga, kuni see on ühtlaselt segunenud. Segage puuviljad ja segage hästi. Tõsta lusikaga määritud ja vooderdatud 23 cm/9 koogivormi (pann) ja küpseta eelsoojendatud ahjus temperatuuril 140°C/275°F/gaasmark 1 umbes 2,5 tundi, kuni keskele torgatud varras tuleb puhtana välja. Lase vormis 10 minutit jahtuda, enne kui tõstad jahtumise lõpetamiseks restile.

Õunakook

Teeb ühe 20 cm/8 kooki

175 g/6 untsi/1½ tassi isekerkivat (isekerkivat) jahu

5 ml/1 tl küpsetuspulbrit

Näputäis soola

150 g/5 untsi/2/3 tassi võid või margariini

150 g/5 untsi/2/3 tassi tuhksuhkrut (ülipeent).

1 muna, lahtiklopitud

175 ml/6 fl untsi/¾ tassi piima

3 söömist (dessert)õuna, kooritud, puhastatud südamikust ja viilutatud

2,5 ml/½ tl jahvatatud kaneeli

15 ml/1 spl selget mett

Sega omavahel jahu, küpsetusjõud ja sool. Hõõru sisse võid või margariini, kuni segu meenutab riivsaia, seejärel sega juurde suhkur. Sega hulka muna ja piim. Vala segu võiga määritud ja vooderdatud 20 cm/8 koogivormi (panni) ning suru õunaviilud õrnalt kõige peale. Puista peale kaneel ja nirista peale mett. Küpseta eelkuumutatud ahjus 200°C/400°F/gaasimärgis 6 45 minutit, kuni see on katsudes kuldne ja kõva.

Krõmpsuva katusega vürtsikas õunakook

Teeb ühe 20 cm/8 kooki

75 g/3 untsi/1/3 tassi võid või margariini

175 g/6 untsi/1½ tassi isekerkivat (isekerkivat) jahu

50 g/2 untsi/¼ tassi tuhksuhkrut (ülipeent).

1 muna

75 ml / 5 spl vett

3 söömist (magustoit)õuna, kooritud, puhastatud südamikust ja viiludeks lõigatud

Katte jaoks:
75 g/3 untsi/1/3 tassi demerara suhkrut

10 ml/2 tl jahvatatud kaneeli

25 g/1 untsi/2 spl võid või margariini

Hõõru võid või margariini jahu hulka, kuni segu meenutab riivsaia. Sega juurde suhkur, seejärel sega hulka muna ja vesi, et saada pehme tainas. Lisa veidi vett, kui segu on liiga kuiv. Laota tainas 20 cm/8 koogivormi (panni) ja suru õunad tainasse. Puista üle demerara suhkru ja kaneeliga ning määri või või margariiniga. Küpsetage eelkuumutatud ahjus temperatuuril 180°C/350°F/gaasimärk 4 30 minutit, kuni see on katsudes kuldpruun ja kõva.

Ameerika õunakook

Teeb ühe 20 cm/8 kooki

50 g/2 untsi/¼ tassi võid või margariini, pehmendatud

225 g/8 untsi/1 tass pehmet pruuni suhkrut

1 muna, kergelt lahtiklopitud

5 ml/1 tl vaniljeessentsi (ekstrakt)

100 g/4 untsi/1 tass tavalist (universaalset) jahu

2,5 ml/½ tl küpsetuspulbrit

2,5 ml/½ tl soodavesinikkarbonaati (söögisoodat)

2,5 ml / ½ tl soola

2,5 ml/½ tl jahvatatud kaneeli

2,5 ml/½ tl riivitud muskaatpähklit

450 g/1 naela söögiõunu (magustoit), kooritud, puhastatud ja kuubikuteks lõigatud

25 g/1 unts/¼ tassi mandleid, hakitud

Vahusta või või margariin ja suhkur heledaks ja kohevaks vahuks. Vahusta vähehaaval juurde muna ja vaniljeessents. Sega omavahel jahu, küpsetuspulber, soodavesinikkarbonaat, sool ja maitseained ning klopi segusse ühtlaseks. Sega hulka õunad ja pähklid. Tõsta lusikaga määritud ja vooderdatud 20 cm/8 kandilisse küpsetusvormi (pannile) ja küpseta eelkuumutatud ahjus 180°C/350°F/gaasimärk 4 45 minutit, kuni keskele torgatud varras tuleb puhtana välja.

Õunapüree kook

Teeb ühe 900 g/2 naela koogi

100 g/4 untsi/½ tassi võid või margariini, pehmendatud

225 g/8 untsi/1 tass pehmet pruuni suhkrut

2 muna, kergelt lahtiklopitud

225 g/8 untsi/2 tassi tavalist (universaalset) jahu

5 ml/1 tl jahvatatud kaneeli

2,5 ml/½ tl riivitud muskaatpähklit

100 g/4 untsi/1 tass õunapüreed (kaste)

5 ml/1 tl soodavesinikkarbonaati (söögisoodat)

30 ml/2 spl kuuma vett

Vahusta või või margariin ja suhkur heledaks ja kohevaks vahuks. Sega vähehaaval hulka munad. Sega hulka jahu, kaneel, muskaatpähkel ja õunapüree. Sega soodavesinikkarbonaat kuuma veega ja sega segusse. Tõsta lusikaga määritud 900 g/2 naela pätsivormi (pannile) ja küpseta eelkuumutatud ahjus temperatuuril 180°C/350°F/gaasimärk 4 1¼ tundi, kuni keskele torgatud varras tuleb puhtana välja.

Siidri-õunakook

Teeb ühe 20 cm/8 kooki

100 g/4 untsi/½ tassi võid või margariini, pehmendatud

150 g/5 untsi/2/3 tassi tuhksuhkrut (ülipeent).

3 muna

225 g/8 untsi/2 tassi isekerkivat (isekerkivat) jahu

5 ml/1 tl jahvatatud (õunakoogi) vürtsi

5 ml/1 tl soodavesinikkarbonaati (söögisoodat)

5 ml/1 tl küpsetuspulbrit

150 ml/¼ pt/2/3 tassi kuiva siidrit

2 keedu (hapu) õuna, kooritud, puhastatud südamikust ja viilutatud

75 g/3 untsi/1/3 tassi demerara suhkrut

100 g/4 untsi/1 tass hakitud segatud pähkleid

Segage või või margariin, suhkur, munad, jahu, vürts, soodavesinikkarbonaat, küpsetuspulber ja 120 ml/4 untsi/½ tassi siidrit, kuni see on hästi segunenud, vajadusel lisage ülejäänud siider ühtlase taigna saamiseks. Tõsta pool segust lusikaga määritud ja 20 cm/8 vooderdatud koogivormi (pannile) ja kata poolte õunaviiludega. Sega omavahel suhkur ja pähklid ning määri pool õuntele. Tõsta lusikaga peale ülejäänud koogisegu ja tõsta peale ülejäänud õunad ning ülejäänud suhkru ja pähklisegu. Küpsetage eelkuumutatud ahjus temperatuuril 180°C/350°F/gaasimärk 4 1 tund, kuni see on katsudes kuldpruun ja kõva.

Õuna- ja kaneelikook

Teeb ühe 23 cm/9 kooki

100 g/4 untsi/½ tassi võid või margariini

100 g/4 untsi/½ tassi tuhksuhkrut (ülipeent).

1 muna, kergelt lahtiklopitud

100 g/4 untsi/1 tass tavalist (universaalset) jahu

5 ml/1 tl küpsetuspulbrit

30 ml/2 spl piima (valikuline)

2 suurt keeduõuna, kooritud, puhastatud südamikust ja viilutatud

30 ml/2 spl tuhksuhkrut (ülipeent).

5 ml/1 tl jahvatatud kaneeli

25 g/1 unts/¼ tassi mandleid, hakitud

30 ml/2 spl demerara suhkrut

Vahusta või või margariin ja suhkur heledaks ja kohevaks vahuks. Klopi sisse järk-järgult muna, seejärel sega hulka jahu ja küpsetuspulber. Segu peaks olema üsna jäik; kui see on liiga jäik, sega juurde veidi piima. Tõsta pool segust lusikaga määritud ja vooderdatud 23 cm/9 lahtise põhjaga koogivormi (panni). Laota peale õunaviilud. Sega omavahel suhkur ja kaneel ning puista õuntele üle mandlitega. Tõsta peale ülejäänud koogisegu ja puista üle demerara suhkruga. Küpseta eelkuumutatud ahjus 180°C/350°F/gaasimärk 4 30–35 minutit, kuni keskele torgatud varras tuleb puhtana välja.

Hispaania õunakook

Teeb ühe 23 cm/9 kooki

175 g/6 untsi/¾ tassi võid või margariini

6 Cox's eating (magustoit) õuna, kooritud, puhastatud südamikust ja tükkideks lõigatud

30 ml/2 spl õunabrändit

175 g/6 untsi/¾ tassi tuhksuhkrut (ülipeent).

150 g/5 untsi/1¼ tassi tavalist (universaalset) jahu

10 ml/2 tl küpsetuspulbrit

5 ml/1 tl jahvatatud kaneeli

3 muna, kergelt lahtiklopitud

45 ml/3 spl piima

Glasuuri jaoks:
60 ml/4 spl aprikoosimoosi (konserv), sõelutud (kurnatud)

15 ml/1 spl õunabrändit

5 ml/1 tl maisijahu (maisitärklis)

10 ml / 2 tl vett

Sulata või või margariin suurel pannil (pannil) ja prae õunatükke tasasel tulel 10 minutit, korra segades, et võiga katta. Tõsta tulelt. Tükelda kolmandik õuntest ja lisa õunabrändi, seejärel sega hulka suhkur, jahu, küpsetuspulber ja kaneel. Lisa munad ja piim ning lusikaga määritud ja jahuga ülepuistatud 23 cm/9 lahtise põhjaga koogivormi (panni). Laota peale ülejäänud õunaviilud. Küpseta eelkuumutatud ahjus 180°C/350°F/gaasimärk 4 juures 45 minutit, kuni see on hästi kerkinud ja kuldpruun ning hakkab vormi külgedest eemale tõmbuma.

Glasuuri valmistamiseks soojendage moos ja brändi koos. Sega maisijahu veega pastaks ning sega moosi ja brändi hulka. Küpseta paar minutit segades, kuni see on selge. Pintselda sooja koogiga üle ja jäta 30 minutiks külma. Eemalda koogivormi küljed, soojenda glasuur uuesti ja pintselda teist korda üle. Jäta jahtuma.

Õuna- ja sultanikook

Teeb ühe 20 cm/8 kooki

350 g/12 untsi/3 tassi isekerkivat (isekerkivat) jahu

Näputäis soola

2,5 ml/½ tl jahvatatud kaneeli

225 g/8 untsi/1 tass võid või margariini

175 g/6 untsi/¾ tassi tuhksuhkrut (ülipeent).

100 g/4 untsi/2/3 tassi sultanasid (kuldseid rosinaid)

450 g/1 naela keeduõunu, kooritud, puhastatud südamikust ja peeneks hakitud

2 muna

Natuke piima

Sega omavahel jahu, sool ja kaneel, seejärel hõõru või või margariiniga, kuni segu meenutab riivsaia. Sega juurde suhkur. Tehke keskele süvend ja lisage sultanad, õunad ja munad ning segage hästi, lisades veidi piima, et saada jäik segu. Tõsta lusikaga määritud 20 cm/8 koogivormi ja küpseta eelkuumutatud ahjus temperatuuril 180°C/350°F/gaasmark 4 umbes 1½–2 tundi, kuni see on katsudes kõva. Serveeri kuumalt või külmalt.

Tagurpidi pööratud õunakook

Teeb ühe 23 cm/9 kooki

2 söömist (dessert)õuna, kooritud, puhastatud südamikust ja õhukesteks viiludeks

75 g/3 untsi/1/3 tassi pehmet pruuni suhkrut

45 ml/3 spl rosinaid

30 ml/2 spl sidrunimahla

Tordi jaoks:

200 g/7 untsi/1¾ tassi tavalist (universaalset) jahu

50 g/2 untsi/¼ tassi tuhksuhkrut (ülipeent).

10 ml/2 tl küpsetuspulbrit

5 ml/1 tl soodavesinikkarbonaati (söögisoodat)

5 ml/1 tl jahvatatud kaneeli

Näputäis soola

120 ml/4 fl untsi/½ tassi piima

50 g/2 untsi/½ tassi õunapüree (kaste)

75 ml/5 spl õli

1 muna, kergelt lahtiklopitud

5 ml/1 tl vaniljeessentsi (ekstrakt)

Sega omavahel õunad, suhkur, rosinad ja sidrunimahl ning laota võiga määritud 23 cm/9 koogivormi (panni) põhja. Sega koogi kuivained omavahel ja tee keskele süvend. Sega omavahel piim, õunakaste, õli, muna ja vaniljeessents ning sega kuivainete hulka, kuni need on lihtsalt segunenud. Tõsta lusikaga koogivormi ja küpseta eelsoojendatud ahjus 180°C/350°F/gaasimärk 4 40 minutit, kuni kook on kuldne ja tõmbub vormi külgedest eemale.

Lase 10 minutit vormis jahtuda, seejärel kummuta ettevaatlikult taldrikule. Serveeri soojalt või külmalt.

Aprikoosipätsi kook

Teeb ühe 900 g/2 naela pätsi

225 g/8 untsi/1 tass võid või margariini, pehmendatud

225 g/8 untsi/1 tass tuhksuhkrut (ülipeent).

2 muna, hästi pekstud

6 küpset aprikoosi, kividest (kivideta), kooritud ja purustatud

300 g/11 untsi/2¾ tassi tavalist (universaalset) jahu

5 ml/1 tl soodavesinikkarbonaati (söögisoodat)

Näputäis soola

75 g/3 untsi/¾ tassi mandleid, hakitud

Vahusta või või margariin ja suhkur. Löö vähehaaval sisse munad, seejärel sega hulka aprikoosid. Klopi sisse jahu, soodavesinikkarbonaat ja sool. Sega hulka pähklid. Tõsta lusikaga määritud ja jahuga ülepuistatud 900 g/2 naela leivavormi (pannile) ja küpseta eelkuumutatud ahjus temperatuuril 180°C/350°F/gaasimärk 4 1 tund, kuni keskele torgatud varras tuleb puhtana välja. Lase enne välja keeramist vormis jahtuda.

Aprikoosi ja ingveri kook

Teeb ühe 18 cm/7 kooki

100 g/4 untsi/1 tass isekerkivat (isekerkivat) jahu

100 g/4 untsi/½ tassi pehmet pruuni suhkrut

10 ml/2 tl jahvatatud ingverit

100 g/4 untsi/½ tassi võid või margariini, pehmendatud

2 muna, kergelt lahtiklopitud

100 g/4 untsi/2/3 tassi toiduvalmis kuivatatud aprikoose, tükeldatud

50 g/2 untsi/1/3 tassi rosinaid

Vahusta jahu, suhkur, ingver, või või margariin ja munad pehmeks seguks. Sega hulka aprikoosid ja rosinad. Tõsta segu lusikaga määritud ja vooderdatud 18 cm/7 koogivormi (pannile) ja küpseta eelkuumutatud ahjus 180°C/350°F/gaasmark 4 juures 30 minutit, kuni keskele torgatud varras tuleb puhtana välja.

Tipsy aprikoosikook

Teeb ühe 20 cm/8 kooki

120 ml/4 fl untsi/½ tassi brändit või rummi

120 ml/4 fl untsi/½ tassi apelsinimahla

225 g/8 untsi/1 1/3 tassi toiduvalmis kuivatatud aprikoose, tükeldatud

100 g/4 untsi/2/3 tassi sultanasid (kuldseid rosinaid)

175 g/6 untsi/¾ tassi võid või margariini, pehmendatud

45 ml/3 spl selget mett

4 muna, eraldatud

175 g/6 untsi/1½ tassi isekerkivat (isekerkivat) jahu

10 ml/2 tl küpsetuspulbrit

Aja brändi või rumm ja apelsinimahl koos aprikooside ja sultanadega keema. Sega korralikult läbi, tõsta siis tulelt ja jäta jahtumiseni seisma. Vahusta või või margariin ja mesi, seejärel sega järk-järgult munakollased. Sega hulka jahu ja küpsetuspulber. Vahusta munavalged tugevaks vahuks, seejärel sega ettevaatlikult segu hulka. Tõsta lusikaga määritud ja vooderdatud 20 cm/8 koogivormi ja küpseta eelkuumutatud ahjus 180°C/350°F/gaasimärk 4 1 tund, kuni keskele torgatud varras tuleb puhtana välja. Lase vormis jahtuda.

Banaani kook

Teeb ühe 23 x 33 cm/9 x 13 koogi

4 küpset banaani, purustatud

2 muna, kergelt lahtiklopitud

350 g/12 untsi/1½ tassi tuhksuhkrut (ülipeent).

120 ml/4 fl untsi/½ tassi õli

5 ml/1 tl vaniljeessentsi (ekstrakt)

50 g/2 untsi/½ tassi hakitud segatud pähkleid

225 g/8 untsi/2 tassi tavalist (universaalset) jahu

10 ml/2 tl soodavesinikkarbonaati (söögisoodat)

5 ml / 1 tl soola

Vahusta banaanid, munad, suhkur, õli ja vanill. Lisa ülejäänud koostisosad ja sega, kuni segu on lihtsalt segunenud. Tõsta lusikaga 23 x 33 cm/9 x 13 koogivormi (pannile) ja küpseta eelkuumutatud ahjus temperatuuril 180°C/350°F/gaasimärk 4 45 minutit, kuni keskele torgatud varras tuleb puhtana välja.

Krõmpsuva katusega banaanikook

Teeb ühe 23 cm/9 kooki

100 g/4 untsi/½ tassi võid või margariini, pehmendatud

300 g/11 untsi/11/3 tassi tuhksuhkrut (ülipeent).

2 muna, kergelt lahtiklopitud

175 g/6 untsi/1½ tassi tavalist (universaalset) jahu

2,5 ml / ½ tl soola

1,5 ml/½ tl riivitud muskaatpähklit

5 ml/1 tl soodavesinikkarbonaati (söögisoodat)

75 ml/5 spl piima

Paar tilka vaniljeessentsi (ekstrakt)

4 banaani, purustatud

Katte jaoks:
50 g/2 untsi/¼ tassi demerara suhkrut

50 g/2 untsi/2 tassi purustatud maisihelbeid

2,5 ml/½ tl jahvatatud kaneeli

25 g/1 untsi/2 spl võid või margariini

Vahusta või või margariin ja suhkur heledaks ja kohevaks vahuks. Klopi sisse järk-järgult munad, seejärel sega hulka jahu, sool ja muskaatpähkel. Sega soodavesinikkarbonaat piima ja vaniljeessentsiga ning sega banaanidega segusse. Tõsta lusikaga määritud ja vooderdatud 23 cm/9 kandilisse koogivormi (panni).

Katte valmistamiseks sega omavahel suhkur, maisihelbed ja kaneel ning hõõru hulka või või margariin. Puista koogile ja küpseta eelkuumutatud ahjus temperatuuril 180°C/350°F/gaasitähis 4 45 minutit, kuni see on katsudes kõva.

Banaani käsn

Teeb ühe 23 cm/9 kooki

100 g/4 untsi/½ tassi võid või margariini, pehmendatud

100 g/4 untsi/½ tassi tuhksuhkrut (ülipeent).

2 muna, lahtiklopitud

2 suurt küpset banaani, purustatud

225 g/8 untsi/1 tass isekerkivat (isekerkivat) jahu

45 ml/3 spl piima

Täidiseks ja katteks:
225 g/8 untsi/1 tass toorjuustu

30 ml/2 spl hapukoort (piimahapu).

100 g/4 untsi kuivatatud banaanikrõpse

Vahusta või või margariin ja suhkur heledaks ja kohevaks vahuks. Lisa vähehaaval munad, seejärel sega juurde banaanid ja jahu. Sega juurde piim, kuni segu on tilkuva konsistentsiga. Tõsta lusikaga määritud ja vooderdatud 23 cm/9 koogivormi ja küpseta eelkuumutatud ahjus 180°C/350°F/gaasimärk 4 umbes 30 minutit, kuni keskele torgatud varras tuleb puhtana välja. Tõsta restile ja lase jahtuda, seejärel lõika horisontaalselt pooleks.

Katte tegemiseks klopi kokku toorjuust ja hapukoor ning kasuta pool segust kahe koogipoole võileivaga. Määri peale ülejäänud segu ja kaunista banaanilaastudega.

Kiudainerikas banaanikook

Teeb ühe 18 cm/7 kooki

100 g/4 untsi/½ tassi võid või margariini, pehmendatud

50 g/2 untsi/¼ tassi pehmet pruuni suhkrut

2 muna, kergelt lahtiklopitud

100 g/4 untsi/1 tass täistera (täistera)jahu

10 ml/2 tl küpsetuspulbrit

2 banaani, purustatud

Täidise jaoks:
225 g/8 untsi/1 tass kohupiima (sileda kodujuustu).

5 ml/1 tl sidrunimahla

15 ml/1 spl selget mett

1 banaan, viilutatud

Tuhksuhkur (kondiitri-)suhkur, sõelutud, tolmutamiseks

Vahusta või või margariin ja suhkur heledaks ja kohevaks vahuks. Klopi juurde järk-järgult munad, seejärel sega hulka jahu ja küpsetuspulber. Sega õrnalt sisse banaanid. Tõsta segu lusikaga kahte võiga määritud ja vooderdatud 18 cm/7 koogivormi (vormi) ja küpseta eelsoojendatud ahjus 30 minutit, kuni see on katsudes kõva. Jäta jahtuma.

Täidise valmistamiseks klopi kokku toorjuust, sidrunimahl ja mesi ning määri ühele koogile. Laota peale banaaniviilud, seejärel kata teise koogiga. Serveeri tuhksuhkruga üle puistatuna.

Banaani ja sidruni kook

Teeb ühe 18 cm/7 kooki

100 g/4 untsi/½ tassi võid või margariini, pehmendatud

175 g/6 untsi/¾ tassi tuhksuhkrut (ülipeent).

2 muna, kergelt lahtiklopitud

225 g/8 untsi/2 tassi isekerkivat (isekerkivat) jahu

2 banaani, purustatud

Täidiseks ja katteks:

75 ml/5 spl sidruni kohupiima

2 banaani, viilutatud

45 ml/3 spl sidrunimahla

100 g/4 untsi/2/3 tassi tuhksuhkrut (kondiitritele), sõelutud

Vahusta või või margariin ja suhkur heledaks ja kohevaks vahuks. Klopi juurde järk-järgult munad, kloppides korralikult peale iga lisamist, seejärel sega hulka jahu ja banaanid. Tõsta segu lusikaga kahte rasvainega määritud ja vooderdatud 18 cm/7 võileivavormi ning küpseta eelkuumutatud ahjus 180°C/350°F/gaasimärk 4 30 minutit. Pöörake välja ja laske jahtuda.

Võileivad koogid sidrunikohupiima ja poolte banaaniviiludega. Piserdage ülejäänud banaaniviilud 15 ml/1 spl sidrunimahlaga. Sega järelejäänud sidrunimahl tuhksuhkruga kõvaks glasuuriks (glasuuriks). Siluta kate koogile ja kaunista banaaniviiludega.

Blender banaani šokolaadikook

Teeb ühe 20 cm/8 kooki

225 g/8 untsi/2 tassi isekerkivat (isekerkivat) jahu

2,5 ml/½ tl küpsetuspulbrit

40 g/1½ untsi/3 spl joogišokolaadipulbrit

2 muna

60 ml/4 spl piima

150 g/5 untsi/2/3 tassi tuhksuhkrut (ülipeent).

100 g/4 untsi/½ tassi pehmet margariini

2 küpset banaani, tükeldatud

Sega omavahel jahu, küpsetuspulber ja joogišokolaad. Blenderda ülejäänud koostisained blenderis või köögikombainis umbes 20 sekundit – segu näeb välja kalgendatud. Vala kuivainete hulka ja sega korralikult läbi. Tõsta rasvainega määritud ja vooderdatud 20 cm/8 koogivormi ja küpseta eelkuumutatud ahjus temperatuuril 180°C/350°F/gaasmark 4 umbes 1 tund, kuni keskele torgatud varras tuleb puhtana välja. Tõsta restile jahtuma.

Banaani ja maapähkli kook

Teeb ühe 900 g/2 naela koogi

275 g/10 untsi/2½ tassi tavalist (universaalset) jahu

225 g/8 untsi/1 tass tuhksuhkrut (ülipeent).

100 g/4 untsi/1 tass maapähkleid, peeneks hakitud

15 ml/1 spl küpsetuspulbrit

Näputäis soola

2 muna, eraldatud

6 banaani, purustatud

Riivitud koor ja 1 väikese sidruni mahl

50 g/2 untsi/¼ tassi võid või margariini, sulatatud

Sega omavahel jahu, suhkur, pähklid, küpsetuspulber ja sool. Klopi lahti munakollased ja sega need banaanide, sidrunikoore ja mahla ning või või margariiniga segusse. Vahusta munavalged tugevaks vahuks, seejärel sega segu hulka. Tõsta lusikaga määritud 900 g/2 naela leivavormi (pannile) ja küpseta eelkuumutatud ahjus temperatuuril 180°C/350°F/gaasimärk 4 1 tund, kuni keskele torgatud varras tuleb puhtana välja.

Kõik-ühes banaani-rosinakook

Teeb ühe 900 g/2 naela koogi

450 g/1 naela küpseid banaane, purustatud

50 g/2 untsi/½ tassi hakitud segatud pähkleid

120 ml/4 fl untsi/½ tassi päevalilleõli

100 g/4 untsi/2/3 tassi rosinaid

75 g/3 untsi/¾ tassi valtsitud kaerahelbeid

150 g/5 untsi/1¼ tassi täistera (täistera)jahu

1,5 ml/¼ tl mandli essentsi (ekstrakt)

Näputäis soola

Sega kõik koostisosad omavahel pehmeks, niiskeks seguks. Tõsta lusikaga määritud ja vooderdatud 900 g/2 naela pätsivormi (panni) ja küpseta eelkuumutatud ahjus temperatuuril 190°C/375°F/gaasimärk 5 1 tund, kuni see on kuldpruun ja keskele torgatud varras tuleb puhtana välja. . Jahuta vormis 10 minutit enne välja keeramist.

Banaani ja viski kook

Teeb ühe 25 cm/10 kooki

225 g/8 untsi/1 tass võid või margariini, pehmendatud

450 g/1 nael/2 tassi pehmet pruuni suhkrut

3 küpset banaani, purustatud

4 muna, kergelt lahtiklopitud

175 g/6 untsi/1½ tassi pekanipähklit, jämedalt hakitud

225 g/8 untsi/11/3 tassi sultanasid (kuldseid rosinaid)

350 g/12 untsi/3 tassi tavalist (universaalset) jahu

15 ml/1 spl küpsetuspulbrit

5 ml/1 tl jahvatatud kaneeli

2,5 ml/½ tl jahvatatud ingverit

2,5 ml/½ tl riivitud muskaatpähklit

150 ml/¼ pint/2/3 tassi viskit

Vahusta või või margariin ja suhkur heledaks ja kohevaks vahuks. Sega hulka banaanid, seejärel klopi järk-järgult sisse munad. Sega pähklid ja sultanid suure lusikatäie jahuga, seejärel sega eraldi kausis ülejäänud jahu küpsetuspulbri ja maitseainetega. Sega jahu kooresegu hulka vaheldumisi viskiga. Voldi sisse pähklid ja sultanid. Tõsta segu lusikaga määrimata 25 cm/10 koogivormi (pannile) ja küpseta eelkuumutatud ahjus temperatuuril 180°C/350°F/gaasmark 4 1¼ tundi, kuni see on katsudes vetruv. Lase vormis 10 minutit jahtuda, enne kui tõstad jahtumise lõpetamiseks restile.

Mustikakook

Teeb ühe 23 cm/9 kooki

175 g/6 untsi/¾ tassi tuhksuhkrut (ülipeent).

60 ml/4 spl õli

1 muna, kergelt lahtiklopitud

120 ml/4 fl untsi/½ tassi piima

225 g/8 untsi/2 tassi tavalist (universaalset) jahu

10 ml/2 tl küpsetuspulbrit

2,5 ml / ½ tl soola

225 g/8 untsi mustikaid

Katte jaoks:

50 g/2 untsi/¼ tassi võid või margariini, sulatatud

100 g/4 untsi/½ tassi granuleeritud suhkrut

50 g/2 untsi/¼ tassi tavalist (universaalset) jahu

2,5 ml/½ tl jahvatatud kaneeli

Vahusta suhkur, õli ja muna ühtlaseks ja kahvatuks. Sega juurde piim, seejärel sega hulka jahu, küpsetuspulber ja sool. Murra sisse mustikad. Tõsta segu lusikaga määritud ja jahuga ülepuistatud 23 cm/9 koogivormi. Sega katte ained omavahel ja puista segule. Küpseta eelkuumutatud ahjus 190°C/375°F/gaasimärgis 5 50 minutit, kuni keskele torgatud varras tuleb puhtana välja. Serveeri soojalt.

Kirsi munakivikook

Teeb ühe 900 g/2 naela koogi

175 g/6 untsi/¾ tassi võid või margariini, pehmendatud

175 g/6 untsi/¾ tassi tuhksuhkrut (ülipeent).

3 muna, lahtiklopitud

225 g/8 untsi/2 tassi tavalist (universaalset) jahu

2,5 ml/½ tl küpsetuspulbrit

100 g/4 untsi/2/3 tassi sultanasid (kuldseid rosinaid)

150 g/5 untsi/2/3 tassi glace (suhkrustatud) kirsse, neljandikuks

225 g/8 untsi värskeid kirsse, kivideta (kivideta) ja poolitatud

30 ml/2 sl aprikoosimoosi (konserv)

Vahusta või või margariin pehmeks, seejärel vahusta sisse suhkur. Sega hulka munad, seejärel jahu, küpsetuspulber, sultanad ja glacekirsid. Tõsta lusikaga määritud 900 g/2 naela pätsivormi (pannile) ja küpseta eelkuumutatud ahjus temperatuuril 160°C/325°F/gaasimärk 3 2,5 tundi. Jätke vormis 5 minutiks seisma, seejärel tõstke jahtumise lõpetamiseks restile.

Laota kirsid ritta koogi peale. Lase aprikoosimoos väikesel pannil keema, siis sõelu (kurna) ja pintselda koogi pealispinnaga glasuuriks.

Kirsi ja kookose kook

Teeb ühe 20 cm/8 kooki

350 g/12 untsi/3 tassi isekerkivat (isekerkivat) jahu

175 g/6 untsi/¾ tassi võid või margariini

225 g/8 untsi/1 tass glace (suhkrustatud) kirsse, veeranditeks

100 g/4 untsi/1 tass kuivatatud (hakitud) kookospähklit

175 g/6 untsi/¾ tassi tuhksuhkrut (ülipeent).

2 suurt muna, kergelt lahti klopitud

200 ml / 7 fl untsi / napp 1 tass piima

Pane jahu kaussi ja hõõru või või margariiniga, kuni segu meenutab riivsaia. Viska kirsid kookospähklisse, seejärel lisa need koos suhkruga segule ja sega kergelt läbi. Lisa munad ja suurem osa piimast. Klopi korralikult läbi, lisades vajadusel täiendavalt piima, et saada pehme tilgutav konsistents. Tõsta rasvainega määritud ja vooderdatud 20 cm/8 koogivormi. Küpseta eelkuumutatud ahjus 180°C/350°F/gaasimärk 4 1½ tundi, kuni keskele torgatud varras tuleb puhtana välja.

Kirsi ja sultani kook

Teeb ühe 900 g/2 naela koogi

100 g/4 untsi/½ tassi võid või margariini, pehmendatud

100 g/4 untsi/½ tassi tuhksuhkrut (ülipeent).

3 muna, kergelt lahtiklopitud

100 g/4 untsi/½ tassi glace (suhkrustatud) kirsse

350 g/12 untsi/2 tassi sultanasid (kuldseid rosinaid)

175 g/6 untsi/1½ tassi tavalist (universaalset) jahu

Näputäis soola

Vahusta või või margariin ja suhkur heledaks ja kohevaks vahuks. Lisa vähehaaval munad. Viska katteks kirsid ja sultanad vähese jahu hulka, seejärel sega ülejäänud jahu soolaga segusse. Sega juurde kirsid ja sultanid. Tõsta segu lusikaga määritud ja vooderdatud 900 g/2 naela pätsivormi (pannile) ja küpseta eelkuumutatud ahjus temperatuuril 160°C/325°F/gaasimärk 3 pool tundi, kuni keskele torgatud varras tuleb puhtana välja.

Jääkirsi ja pähkli kook

Teeb ühe 18 cm/7 kooki

100 g/4 untsi/½ tassi võid või margariini, pehmendatud

100 g/4 untsi/½ tassi tuhksuhkrut (ülipeent).

2 muna, kergelt lahtiklopitud

15 ml/1 spl selget mett

150 g/5 untsi/1¼ tassi isekerkivat (isekerkivat) jahu

5 ml/1 tl küpsetuspulbrit

Näputäis soola

Kaunistuseks:
225 g/8 untsi/11/3 tassi tuhksuhkrut (kondiitritele), sõelutud

30 ml/2 spl vett

Paar tilka punast toiduvärvi

4 glace (suhkreeritud) kirsi, poolitatud

4 kreeka pähkli poolikut

Vahusta või või margariin ja suhkur heledaks ja kohevaks vahuks. Klopi sisse järk-järgult munad ja mesi, seejärel sega hulka jahu, küpsetuspulber ja sool. Tõsta segu lusikaga määritud ja vooderdatud 18 cm/8 koogivormi (pannile) ja küpseta eelkuumutatud ahjus 190°C/375°F/gaasmark 5 juures 20 minutit, kuni see on hästi kerkinud ja puudutades kõva. Jäta jahtuma.

Pane tuhksuhkur kaussi ja klopi vähehaaval juurde nii palju vett, et tekiks määritav glasuur (glasuur). Määri kõige rohkem koogi peale. Ülejäänud glasuur värvige mõne tilga toiduvärviga, lisades veidi rohkem tuhksuhkrut, kui see muudab glasuuri liiga õhukeseks. Toru või nirista punane glasuur üle koogi, et see viiludeks jagada, seejärel kaunista glacekirsside ja kreeka pähklitega.

Damsoni kook

Teeb ühe 20 cm/8 kooki

100 g/4 untsi/½ tassi võid või margariini, pehmendatud

75 g/3 untsi/1/3 tassi pehmet pruuni suhkrut

2 muna, kergelt lahtiklopitud

225 g/8 untsi/2 tassi isekerkivat (isekerkivat) jahu

450 g/1 naela damsonid, kivideta (kivideta) ja poolitatud

50 g/2 untsi/½ tassi hakitud segatud pähkleid.

Vahusta või või margariin ja suhkur heledaks ja kohevaks vahuks, seejärel lisa järk-järgult munad, iga lisamise järel korralikult vahustades. Sega sisse jahu ja damsonid. Tõsta segu lusikaga määritud ja vooderdatud 20 cm/8 koogivormi (pannile) ning puista peale pähklid. Küpsetage eelkuumutatud ahjus temperatuuril 190°C/375°F/gaasitähis 5 45 minutit, kuni see on katsudes kõva. Lase vormis 10 minutit jahtuda, enne kui tõstad jahtumise lõpetamiseks restile.

Datli ja pähklikook

Teeb ühe 23 cm/9 kooki

300 ml/½ pt/1¼ tassi keeva veega

225 g/8 untsi/11/3 tassi datleid, kivideta (kivideta) ja tükeldatud

5 ml/1 tl soodavesinikkarbonaati (söögisoodat)

75 g/3 untsi/1/3 tassi võid või margariini, pehmendatud

225 g/8 untsi/1 tass tuhksuhkrut (ülipeent).

1 muna, lahtiklopitud

275 g/10 untsi/2½ tassi tavalist (universaalset) jahu

Näputäis soola

2,5 ml/½ tl küpsetuspulbrit

50 g/2 untsi/½ tassi kreeka pähkleid, hakitud

Katte jaoks:
50 g/2 untsi/¼ tassi pehmet pruuni suhkrut

25 g/1 untsi/2 spl võid või margariini

30 ml/2 spl piima

Kaunistuseks paar pähklipoolikut

Pane vesi, datlid ja soodavesinikkarbonaat kaussi ning jäta 5 minutiks seisma. Vahusta või või margariin ja suhkur pehmeks, seejärel sega hulka muna koos vee ja datlitega. Sega omavahel jahu, sool ja küpsetuspulber, seejärel sega segusse kreeka pähklitega. Tõsta rasvainega määritud ja vooderdatud 23 cm/9 koogivormi (pann) ja küpseta eelkuumutatud ahjus temperatuuril 180°C/350°F/gaasmärk 4 1 tund, kuni see on kõva. Jahuta restil.

Katte valmistamiseks blenderda suhkur, või ja piim ühtlaseks massiks. Määri koogile ja kaunista pähklipoolikutega.

Sidruni kook

Teeb ühe 20 cm/8 kooki

175 g/6 untsi/¾ tassi võid või margariini, pehmendatud

175 g/6 untsi/¾ tassi tuhksuhkrut (ülipeent).

2 muna, lahtiklopitud

225 g/8 untsi/2 tassi isekerkivat (isekerkivat) jahu

1 sidruni mahl ja riivitud koor

60 ml/4 spl piima

Vahusta või või margariin ja 100 g/4 untsi/½ tassi suhkrut. Lisa vähehaaval munad, seejärel sega hulka jahu ja riivitud sidrunikoor. Sega juurde nii palju piima, et tekiks pehme konsistents. Keera segu võiga määritud ja vooderdatud 20 cm/8 koogivormi ning küpseta eelkuumutatud ahjus 180°C/350°F/gaasmark 4 juures 1 tund, kuni see on kerkinud ja kuldne. Lahustage ülejäänud suhkur sidrunimahlas. Torka kuum kook kahvliga üleni ja vala peale mahlasegu. Jäta jahtuma.

Apelsini ja mandli kook

Teeb ühe 20 cm/8 kooki

4 muna, eraldatud

100 g/4 untsi/½ tassi tuhksuhkrut (ülipeent).

1 apelsini riivitud koor

50 g/2 untsi/½ tassi mandleid, peeneks hakitud

50 g/2 untsi/½ tassi jahvatatud mandleid

Siirupi jaoks:

100 g/4 untsi/½ tassi tuhksuhkrut (ülipeent).

300 ml/½ pt/1¼ tassi apelsinimahla

15 ml/1 spl apelsinilikööri (valikuline)

1 kaneelipulk

Vahusta munakollased, suhkur, apelsinikoor, mandlid ja jahvatatud mandlid. Vahusta munavalged tugevaks vahuks, seejärel sega segu hulka. Tõsta lusikaga määritud ja jahuga ülepuistatud 20 cm/8 lahtise põhjaga koogivormi (pannile) ja küpseta eelkuumutatud ahjus temperatuuril 180°C/350°F/gaasmärk 4 45 minutit, kuni see on katsudes kõva. Torgi kõik vardaga läbi ja lase jahtuda.

Vahepeal lahusta suhkur apelsinimahlas ja likööris, kui kasutad, tasasel tulel kaneelipulgaga, aeg-ajalt segades. Kuumuta keemiseni ja keeda, kuni see muutub õhukeseks siirupiks. Visake kaneel ära. Vala lusikaga sooja siirup koogile ja lase imbuda.

Kaerapäts kook

Teeb ühe 900 g/2 naela koogi

100 g/4 untsi/1 tass kaerahelbeid

300 ml/½ pt/1¼ tassi keeva veega

100 g/4 untsi/½ tassi võid või margariini, pehmendatud

225 g/8 untsi/1 tass pehmet pruuni suhkrut

225 g/8 untsi/1 tass tuhksuhkrut (ülipeent).

2 muna, kergelt lahtiklopitud

175 g/6 untsi/1½ tassi tavalist (universaalset) jahu

10 ml/2 tl küpsetuspulbrit

5 ml/1 tl soodavesinikkarbonaati (söögisoodat)

5 ml/1 tl jahvatatud kaneeli

Leota kaerahelbed keevas vees. Vahusta või või margariin ja suhkrud heledaks ja kohevaks vahuks. Löö vähehaaval sisse munad, seejärel sega hulka jahu, küpsetuspulber, soodavesinikkarbonaat ja kaneel. Lõpuks sega hulka kaerahelbesegu ja sega, kuni see on hästi segunenud. Tõsta lusikaga määritud ja vooderdatud 900 g/2 naela pätsivormi (pann) ja küpseta eelsoojendatud ahjus temperatuuril 180°C/350°F/gaasimärk 4 umbes 1 tund, kuni see on katsudes kõva.

Terav jäätunud mandariini kook

Teeb ühe 20 cm/8 kooki

175 g/6 untsi/3/4 tassi pehmet margariini

250 g/9 untsi/lahke 1 tass tuhksuhkrut (ülipeent).

225 g/8 untsi/2 tassi isekerkivat (isekerkivat) jahu

5 ml/1 tl küpsetuspulbrit

3 muna

Peeneks riivitud koor ja 1 väikese apelsini mahl

300 g/11 untsi/1 keskmine purk mandariini apelsine, hästi nõrutatud

Peeneks riivitud koor ja 1/2 sidruni mahl

Sega margariin, 175 g/6 untsi/3/4 tassi suhkrut, jahu, küpsetuspulber, munad, apelsinikoor ja mahl köögikombainis või klopi elektrilise vispliga ühtlaseks massiks. Haki mandariinid jämedalt ja voldi sisse. Tõsta lusikaga määritud ja vooderdatud 20 cm/8 koogivormi (panni). Silu pind. Küpseta eelkuumutatud ahjus 180°C/350°F/gaasimärk 4 1 tund 10 minutit või kuni keskele torgatud varras tuleb puhtana välja. Jahuta 5 minutit, seejärel eemalda vormist ja aseta restile. Samal ajal sega ülejäänud suhkur sidrunikoore ja mahlaga pastaks. Laota peale ja lase jahtuda.

Apelsini kook

Teeb ühe 20 cm/8 kooki

175 g/6 untsi/¾ tassi võid või margariini, pehmendatud

175 g/6 untsi/¾ tassi tuhksuhkrut (ülipeent).

2 muna, lahtiklopitud

225 g/8 untsi/2 tassi isekerkivat (isekerkivat) jahu

1 apelsini mahl ja riivitud koor

60 ml/4 spl piima

Vahusta või või margariin ja 100 g/4 untsi/½ tassi suhkrut. Lisa vähehaaval munad, seejärel sega hulka jahu ja riivitud apelsinikoor. Sega juurde piisavalt piima, et saada pehme konsistents. Tõsta segu võiga määritud ja vooderdatud 20 cm/8 koogivormi (panni) ja küpseta eelkuumutatud ahjus 180°C/350°F/gaasmark 4 1 tund, kuni see on kerkinud ja kuldne. Ülejäänud suhkur lahustage apelsinimahlas. Torka kuum kook kahvliga üleni ja vala peale mahlasegu. Jäta jahtuma.

Inglitoidu kook

Teeb ühe 23 cm/9 kooki

75 g/3 untsi/¾ tassi tavalist (universaalset) jahu

25 g/1 untsi/2 spl maisijahu (maisitärklis)

Näputäis soola

225 g/8 untsi/1 tass tuhksuhkrut (ülipeent).

10 munavalget

1 spl sidrunimahla

1 tl hambakivi

1 tl vaniljeessentsi (ekstrakt)

Sega jahud ja sool veerandi suhkruga ning sõelu korralikult läbi. Vahusta pooled munavalged poole sidrunimahlaga vahuks. Lisa pool tartarikoorest ja teelusikatäis suhkrut ning vahusta, kuni moodustuvad tugevad tipud. Korrake ülejäänud munavalgetega, seejärel segage need kokku ja vahustage järk-järgult ülejäänud suhkur ja vaniljeessents. Väga järk-järgult sega jahusegu munavalgete hulka. Tõsta lusikaga määritud 23 cm/9 vedruvormi (torupann) ja küpseta eelsoojendatud ahjus temperatuuril 180°C/350°F/gaasimärk 4 45 minutit, kuni see on katsudes kõva. Pöörake vorm tagurpidi restile ja laske enne välja keeramist vormis jahtuda.

Muraka võileib

Teeb ühe 18 cm/7 kooki

175 g/6 untsi/¾ tassi võid või margariini, pehmendatud

175 g/6 untsi/¾ tassi tuhksuhkrut (ülipeent).

3 muna, lahtiklopitud

175 g/6 untsi/1½ tassi isekerkivat (isekerkivat) jahu

5 ml/1 tl vaniljeessentsi (ekstrakt)

300 ml/½ pt/1¼ tassi topelt (rasket) koort

225 g/8 untsi murakad

Vahusta või või margariin ja suhkur heledaks ja kohevaks vahuks. Löö vähehaaval sisse munad, seejärel sega hulka jahu ja vaniljeessents. Tõsta lusikaga kahte rasvainega määritud ja vooderdatud 18 cm/7 koogivormi (vormi) ja küpseta eelkuumutatud ahjus temperatuuril 190°C/375°F/gaasimärk 5 25 minutit, kuni see on katsudes vetruv. Jäta jahtuma.

Vahusta koor tugevaks vahuks. Määri pool ühele koogile, laota peale murakad ja lusikaga peale ülejäänud kreem. Kata teise koogiga ja serveeri.

Kuldne võikook

Teeb ühe 23 cm/9 kooki

225 g/8 untsi/1 tass võid või margariini, pehmendatud

450 g/1 naela/2 tassi tuhksuhkrut (ülipeent).

5 muna, eraldatud

250 ml/8 fl untsi/1 tass maitsestamata jogurtit

400 g/14 untsi/3½ tassi tavalist (universaalset) jahu

10 ml/2 tl küpsetuspulbrit

Näputäis soola

Vahusta või või margariin ja suhkur heledaks ja kohevaks vahuks. Klopi juurde vähehaaval munakollased ja jogurt, seejärel sega hulka jahu, küpsetuspulber ja sool. Vahusta munavalged tugevaks vahuks, seejärel sega metalllusikaga ettevaatlikult segu hulka. Tõsta lusikaga määritud 23 cm/9 koogivormi (panni) ja küpseta eelkuumutatud ahjus 180°C/ 350°F/gaasmärk 4 45 minutit, kuni see on katsudes kuldpruun ja vetruv. Lase 10 minutit vormis jahtuda, seejärel kummuta restile jahtumise lõpetamiseks.

Kõik-ühes kohvisvamm

Teeb ühe 20 cm/8 kooki

100 g/4 untsi/½ tassi võid või margariini, pehmendatud

100 g/4 untsi/½ tassi tuhksuhkrut (ülipeent).

100 g/4 untsi/1 tass isekerkivat (isekerkivat) jahu

2,5 ml/½ tl küpsetuspulbrit

15 ml/1 spl lahustuvat kohvipulbrit, lahustatud 10 ml/2 tl kuumas vees

2 muna

Segage kõik koostisosad hästi segunemiseni. Tõsta lusikaga määritud ja vooderdatud 20 cm/8 koogivormi (pann) ja küpseta eelsoojendatud ahjus 180°C/350°F/gaasmärk 4 30 minutit, kuni see on hästi kerkinud ja katsudes vetruv.

Tšehhi käsnkook

Teeb ühe 15 x 25 cm/10 x 6 koogi

350 g/12 untsi/3 tassi tavalist (universaalset) jahu

100 g/4 untsi/2/3 tassi tuhksuhkrut (kondiitritele), sõelutud

100 g/4 untsi/1 tass jahvatatud sarapuupähkleid või mandleid

15 ml/1 spl küpsetuspulbrit

150 ml / ¼ pt / 2/3 tassi piima

2 muna, kergelt lahtiklopitud

250 ml/8 fl untsi/1 tass päevalilleõli

225 g/8 untsi värskeid puuvilju

Glasuuri jaoks:

400 ml/14 fl untsi/1¾ tassi puuviljamahla

20 ml/4 tl noolejuurt

Sega omavahel kuivained. Sega piim, munad ja õli ning lisa segule. Vala rasvainega määritud 15 x 25 cm/6 x 10 madalasse koogivormi (panni) ja küpseta eelkuumutatud ahjus temperatuuril 180°C/350°F/gaasimärk 4 umbes 35 minutit, kuni see on tahenenud. Jäta jahtuma.

Laota puuviljad käsnapõhjale. Keeda puuviljamahl ja noolejuur kokku, segades kuni paksenemiseni, seejärel tõsta glasuur lusikaga koogi peale.

Lihtne meekook

Teeb ühe 20 cm/8 kooki

100 g/4 untsi/½ tassi võid või margariini, pehmendatud

25 g/1 untsi/2 spl tuhksuhkrut (ülipeent).

60 ml/4 spl selget mett

2 muna, kergelt lahtiklopitud

175 g/6 untsi/1½ tassi isekerkivat (isekerkivat) jahu

2,5 ml/½ tl küpsetuspulbrit

5 ml/1 tl jahvatatud kaneeli

15 ml / 1 spl vett

Klopi kõik koostisained kokku, kuni saad pehme tilga konsistentsi. Tõsta lusikaga määritud ja vooderdatud 20 cm/8 koogivormi (pannile) ja küpseta eelkuumutatud ahjus 190°C/375°F/gaasimärk 5 30 minutit, kuni see on hästi kerkinud ja katsudes vetruv.

Kõik-ühes sidrunikäsn

Teeb ühe 20 cm/8 kooki

100 g/4 untsi/½ tassi võid või margariini, pehmendatud

100 g/4 untsi/½ tassi tuhksuhkrut (ülipeent).

100 g/4 untsi/1 tass isekerkivat (isekerkivat) jahu

2,5 ml/½ tl küpsetuspulbrit

1 sidruni riivitud koor

15 ml/1 spl sidrunimahla

2 muna

Segage kõik koostisosad hästi segunemiseni. Tõsta lusikaga määritud ja vooderdatud 20 cm/8 koogivormi (pann) ja küpseta eelsoojendatud ahjus 180°C/350°F/gaasmärk 4 30 minutit, kuni see on hästi kerkinud ja katsudes vetruv.

Sifonki sidrunikook

Teeb ühe 25 cm/10 kooki

225 g/8 untsi/2 tassi isekerkivat (isekerkivat) jahu

15 ml/1 spl küpsetuspulbrit

5 ml / 1 tl soola

350 g/12 untsi/1½ tassi tuhksuhkrut (ülipeent).

7 muna, eraldatud

120 ml/4 fl untsi/½ tassi õli

175 ml / 6 fl untsi / ¾ tassi vett

10 ml/2 tl riivitud sidrunikoort

5 ml/1 tl vaniljeessentsi (ekstrakt)

2,5 ml/½ tl hambakivi

Sega omavahel jahu, küpsetuspulber, sool ja suhkur ning tee keskele süvend. Sega munakollased, õli, vesi, sidrunikoor ja vaniljeessents ning blenderda kuivainete hulka. Vahusta munavalged ja tatarikoor kõvaks vahuks. Voldi koogisegu hulka. Tõsta lusikaga määrimata 25 cm/10 koogivormi (pannile) ja küpseta eelkuumutatud ahjus 160°C/ 325°F/gaasimärk 3 1 tund. Lülitage ahi välja, kuid jätke kook veel 8 minutiks seisma. Eemaldage ahjust ja pöörake jahutuse lõpetamiseks jahutusrestile.

Sidrunipiiske kook

Teeb ühe 900 g/2 naela koogi

100 g/4 untsi/½ tassi võid või margariini, pehmendatud

175 g/6 untsi/¾ tassi tuhksuhkrut (ülipeent).

2 muna, kergelt lahtiklopitud

175 g/6 untsi/1½ tassi isekerkivat (isekerkivat) jahu

60 ml/4 spl piima

1 sidruni riivitud koor

Siirupi jaoks:

60 ml/4 spl tuhksuhkrut (kondiitritele), sõelutud

45 ml/3 spl sidrunimahla

Vahusta või või margariin ja suhkur heledaks ja kohevaks vahuks. Lisa vähehaaval munad, seejärel jahu, piim ja sidrunikoor ning sega pehmeks tilgutavaks konsistentsiks. Tõsta lusikaga määritud ja vooderdatud 900 g/2 naela pätsivormi (pannile) ja küpseta eelkuumutatud ahjus temperatuuril 180°C/350°F/gaasimärk 4 45 minutit, kuni see on katsudes vetruv.

Sega omavahel tuhksuhkur ja sidrunimahl ning tõsta lusikaga koogile kohe, kui see ahjust välja tuleb. Jäta vormi jahtuma.

Sidruni ja vanilje kook

Teeb ühe 900 g/2 naela koogi

225 g/8 untsi/1 tass võid või margariini, pehmendatud

450 g/1 naela/2 tassi tuhksuhkrut (ülipeent).

4 muna, eraldatud

350 g/12 untsi/3 tassi tavalist (universaalset) jahu

10 ml/2 tl küpsetuspulbrit

200 ml / 7 fl untsi / napp 1 tass piima

2,5 ml/½ tl sidruniessentsi (ekstrakt)

2,5 ml/½ tl vaniljeessentsi (ekstrakt)

Vahusta või ja suhkur, seejärel sega hulka munakollased. Sega vaheldumisi piimaga jahu ja küpsetuspulber. Sega juurde sidruni- ja vanilliessentsid. Vahusta munavalged pehmeks vahuks, seejärel sega ettevaatlikult segu hulka. Tõsta rasvainega määritud 900 g/2 naela pätsivormi (pann) ja küpseta eelkuumutatud ahjus temperatuuril 150°C/300°F/gaasimärk 2 1¼ tundi, kuni see on katsudes kuldpruun ja vetruv.

Madeira kook

Teeb ühe 18 cm/7 kooki

175 g/6 untsi/¾ tassi võid või margariini, pehmendatud

175 g/6 untsi/¾ tassi tuhksuhkrut (ülipeent).

3 suurt muna

150 g/5 untsi/1¼ tassi isekerkivat (isekerkivat) jahu

100 g/4 untsi/1 tass tavalist (universaalset) jahu

Näputäis soola

Riivitud koor ja ½ sidruni mahl

Vahusta või või margariin ja suhkur heledaks ja pehmeks vahuks. Lisa ükshaaval munad, iga lisamise vahel korralikult vahustades. Murra ülejäänud koostisosad. Tõsta lusikaga määritud ja vooderdatud 18 cm/7 koogivormi (panni) ja tasanda pind. Küpsetage eelkuumutatud ahjus temperatuuril 160°C/325°F/gaasimärk 3 1–1¼ tundi, kuni see on katsudes kuldpruun ja vetruv. Lase vormis 5 minutit jahtuda, enne kui tõstad jahtumise lõpetamiseks restile.

Marguerita kook

Teeb ühe 20 cm/8 kooki

4 muna, eraldatud

15 ml/1 spl tuhksuhkrut (ülipeent).

175 g/6 untsi/1½ tassi tavalist (universaalset) jahu

100 g/4 untsi/1 tass kartulijahu

2,5 ml/½ tl vaniljeessentsi (ekstrakt)

25 g/1 untsi/3 spl tuhksuhkrut (kondiitritele mõeldud) sõelutud

Vahusta munakollased ja suhkur heledaks ja kreemjaks vahuks. Vahusta vähehaaval jahu, kartulijahu ja vaniljeessents. Vahusta munavalged tugevaks vahuks ja sega segu hulka. Tõsta segu lusikaga määritud ja vooderdatud 20 cm/8 koogivormi (pannile) ja küpseta eelkuumutatud ahjus 200°C/400°F/gaasimärk 6 ainult 5 minutit. Eemaldage kook ahjust ja tehke terava noaga rist peale, seejärel pange võimalikult kiiresti tagasi ahju ja küpsetage veel 5 minutit. Alandage ahju temperatuuri 180°C/350°F/gaasimärgis 4 ja küpsetage veel 25 minutit, kuni see on hästi kerkinud ja kuldpruun. Lase jahtuda, seejärel serveeri tuhksuhkruga üle puistatud.

Kuum piimakook

Teeb ühe 23 cm/9 kooki

4 muna, kergelt lahtiklopitud

5 ml/1 tl vaniljeessentsi (ekstrakt)

450 g/1 nael/2 tassi granuleeritud suhkrut

225 g/8 untsi/2 tassi isekerkivat (isekerkivat) jahu

10 ml/2 tl küpsetuspulbrit

2,5 ml / ½ tl soola

250 ml/8 fl untsi/1 tass piima

25 g/1 untsi/2 spl võid või margariini

Vahusta munad, vaniljeessents ja suhkur heledaks ja kohevaks vahuks. Vahusta vähehaaval jahu, küpsetuspulber ja sool. Aja piim ja või või margariin väikesel pannil keema, seejärel sega segusse ja sega korralikult läbi. Tõsta lusikaga määritud ja jahuga ülepuistatud 23 cm/9 koogivormi (pannile) ja küpseta eelkuumutatud ahjus temperatuuril 180°C/350°F/gaasmärk 4 40 minutit, kuni see on katsudes kuldpruun ja vetruv.

Piimakäsnkook

Teeb ühe 20 cm/8 kooki

150 ml / ¼ pt / 2/3 tassi piima

3 muna

175 g/6 untsi/¾ tassi tuhksuhkrut (ülipeent).

5 ml/1 tl sidrunimahla

350 g tavalist (universaalset) jahu

5 ml/1 tl küpsetuspulbrit

Kuumuta pannil piim. Vahusta munad kausis paksuks ja kreemjaks, seejärel lisa suhkur ja sidrunimahl. Vala hulka jahu ja küpsetuspulber ning seejärel vahusta kuum piim järk-järgult ühtlaseks. Tõsta lusikaga määritud 20 cm/8 koogivormi (panni) ja küpseta eelkuumutatud ahjus temperatuuril 180°C/350°F/gaasmärk 4 20 minutit, kuni see on hästi kerkinud ja katsudes vetruv.

Kõik-ühes Mocha käsn

Teeb ühe 20 cm/8 kooki

100 g/4 untsi/½ tassi võid või margariini, pehmendatud

100 g/4 untsi/½ tassi tuhksuhkrut (ülipeent).

100 g/4 untsi/1 tass isekerkivat (isekerkivat) jahu

2,5 ml/½ tl küpsetuspulbrit

15 ml/1 spl lahustuvat kohvipulbrit, lahustatud 10 ml/2 tl kuumas vees

15 ml/1 spl kakao (magustamata šokolaadi) pulbrit

2 muna

Segage kõik koostisosad hästi segunemiseni. Tõsta lusikaga määritud ja vooderdatud 20 cm/8 koogivormi (pann) ja küpseta eelsoojendatud ahjus 180°C/350°F/gaasmärk 4 30 minutit, kuni see on hästi kerkinud ja katsudes vetruv.

Moscateli kook

Teeb ühe 18 cm/7 kooki

175 g/6 untsi/¾ tassi võid või margariini, pehmendatud

175 g/6 untsi/¾ tassi tuhksuhkrut (ülipeent).

3 muna

30 ml/2 spl Moscateli magusat veini

225 g/8 untsi/2 tassi tavalist (universaalset) jahu

10 ml/2 tl küpsetuspulbrit

Vahusta või või margariin ja suhkur heledaks ja kohevaks vahuks, seejärel klopi järk-järgult hulka munad ja vein. Sega hulka jahu ja küpsetuspulber ning sega ühtlaseks massiks. Tõsta lusikaga määritud ja vooderdatud 18 cm/7 koogivormi (pann) ja küpseta eelkuumutatud ahjus temperatuuril 180°C/350°F/gaasmark 4 1¼ tundi, kuni see on katsudes kuldpruun ja vetruv. Lase vormis 5 minutit jahtuda, seejärel kummuta jahtumise lõpetamiseks restile.

Kõik-ühes oranž käsn

Teeb ühe 20 cm/8 kooki

100 g/4 untsi/½ tassi võid või margariini, pehmendatud

100 g/4 untsi/½ tassi tuhksuhkrut (ülipeent).

100 g/4 untsi/1 tass isekerkivat (isekerkivat) jahu

2,5 ml/½ tl küpsetuspulbrit

1 apelsini riivitud koor

15 ml/1 spl apelsinimahla

2 muna

Segage kõik koostisosad hästi segunemiseni. Tõsta lusikaga määritud ja vooderdatud 20 cm/8 koogivormi (pann) ja küpseta eelsoojendatud ahjus 180°C/350°F/gaasmärk 4 30 minutit, kuni see on hästi kerkinud ja katsudes vetruv.

Tavaline kook

Teeb ühe 23 cm/9 kooki

50 g/2 untsi/¼ tassi võid või margariini

225 g/8 untsi/2 tassi tavalist (universaalset) jahu

2,5 ml / ½ tl soola

15 ml/1 spl küpsetuspulbrit

30 ml/2 spl tuhksuhkrut (ülipeent).

250 ml/8 fl untsi/1 tass piima

Hõõru võid või margariini jahu, soola ja küpsetuspulbri hulka, kuni segu meenutab riivsaia. Sega juurde suhkur. Lisa vähehaaval piim ja sega ühtlaseks tainaks. Suru õrnalt võiga määritud 23 cm/9 koogivormi (pannile) ja küpseta eelkuumutatud ahjus temperatuuril 160°C/325°F/gaasmark 3 umbes 30 minutit kuni helekuldpruunini.

Hispaania käsnkook

Teeb ühe 23 cm/9 kooki

4 muna, eraldatud

100 g/4 untsi/½ tassi granuleeritud suhkrut

½ sidruni riivitud koor

25 g/1 unts/¼ tassi maisijahu

25 g/1 unts/¼ tassi tavalist (universaalset) jahu

30 ml/2 spl tuhksuhkrut (kondiitritele), sõelutud

Vahusta munakollased, suhkur ja sidrunikoor kahvatuks ja vahuks. Vispelda vähehaaval sisse maisijahu ja jahu. Vahusta munavalged tugevaks vahuks, seejärel sega taigna hulka. Tõsta segu lusikaga määritud 23 cm/9 kandilisse koogivormi (panni) ja küpseta eelkuumutatud ahjus temperatuuril 220°C/425°F/gaasimärk 7 6 minutit. Võta kohe vormist välja ja lase jahtuda. Serveeri tuhksuhkruga üle puistatuna.

Victoria võileib

Teeb ühe 23 cm/7 kooki

175 g/6 untsi/¾ tassi võid või margariini, pehmendatud

175 g/6 untsi/¾ tassi tuhksuhkrut (ülipeent) ja lisaks piserdamiseks

3 muna, lahtiklopitud

175 g/6 untsi/1½ tassi isekerkivat (isekerkivat) jahu

60 ml/4 spl maasikamoosi (konserv)

Vahusta või või margariin pehmeks, seejärel vahusta suhkruga kahvatuks ja kohevaks. Klopi sisse järk-järgult munad, seejärel sega hulka jahu. Jaga segu ühtlaselt kahe võileivaga määritud ja vooderdatud 18 cm/7 võileivavormi vahel. Küpseta eelkuumutatud ahjus 190°C/375°F/gaasimärk 5 umbes 20 minutit, kuni see on hästi kerkinud ja katsudes vetruv. Tõsta restile jahtuma, võileib koos moosiga ja puista üle suhkruga.

Vahustatud käsnkook

Teeb ühe 20 cm/8 kooki

2 muna

75 g/3 untsi/1/3 tassi tuhksuhkrut (ülipeent).

50 g/2 untsi/½ tassi tavalist (universaalset) jahu

120 ml/4 fl untsi/½ tassi topelt (rasket) koort, vahustatud

45 ml/3 spl vaarikamoosi (konserv)

Tuhksuhkur (kondiitritooted), sõelutud

Vahusta munad ja suhkur vähemalt 5 minutit kahvatuks. Voldi sisse jahu. Tõsta lusikaga määritud ja vooderdatud 20 cm/8 võileivavormi ning küpseta eelkuumutatud ahjus temperatuuril 190°C/375°F/gaasimärk 5 20 minutit, kuni see on katsudes vetruv. Lase restil jahtuda.

Lõika kook horisontaalselt pooleks, seejärel aseta kaks poolikut kreemi ja moosiga kokku. Kõige peale puista tuhksuhkrut.

Tuuleveski käsnkook

Teeb ühe 20 cm/8 kooki

Tordi jaoks:

175 g/6 untsi/1½ tassi isekerkivat (isekerkivat) jahu

5 ml/1 tl küpsetuspulbrit

175 g/6 untsi/¾ tassi võid või margariini, pehmendatud

175 g/6 untsi/¾ tassi tuhksuhkrut (ülipeent).

3 muna

5 ml/1 tl vaniljeessentsi (ekstrakt)

Glasuuri jaoks (glasuuri jaoks):

100 g/4 untsi/½ tassi võid või margariini, pehmendatud

175 g/6 untsi/1 tass tuhksuhkrut (kondiitritele), sõelutud

75 ml/5 spl maasikamoosi (konserv)

Kaunistuseks suhkrutükid ja mõned kristalliseerunud (suhkrustatud) apelsini- ja sidruniviilud

Vahusta kõik koogi koostisosad, kuni saad pehme koogisegu. Tõsta lusikaga kahte rasvainega määritud ja vooderdatud 20 cm/8 koogivormi (pannid) ja küpseta eelkuumutatud ahjus 160°C/325°F/gaasimärk 3 20 minutit, kuni need on katsudes kuldpruunid ja vetruvad. Lase vormides 5 minutit jahtuda, seejärel kummuta jahtumise lõpetamiseks restile.

Glasuuri valmistamiseks vahusta või või margariin tuhksuhkruga, kuni saad määritava konsistentsi. Määri moos ühe koogi peale, määri peale pool glasuurist ja aseta peale teine kook. Määri ülejäänud glasuur koogi peale ja silu palettnoaga ühtlaseks. Lõika rasvakindlast (vahatatud) paberist 20 cm/8 ring ja voldi see 8 osaks. Jättes keskele väikese ringi, mis hoiab paberit ühes tükis, lõigake välja vahelduvad segmendid ja asetage paber šabloonina koogi peale. Piserdage katmata osad suhkrukiududega, seejärel eemaldage paber ning asetage apelsini- ja sidruniviilud kauni mustriga kaunistamata osadele.

Šveitsi rull

Teeb ühe 20 cm/8 rulli

3 muna

75 g/3 untsi/1/3 tassi tuhksuhkrut (ülipeent).

75 g/3 untsi/¾ tassi isekerkivat (isekerkivat) jahu

Tolmutamiseks tuhksuhkur (ülipeen).

75 ml/5 spl vaarikamoosi (konserv)

Vahusta munad ja suhkur umbes 10 minutit, kuni see muutub väga kahvatuks ja paksuks ning segu eraldub vispli pealt lintidena. Voldi jahu ja lusikaga määritud ja 30 x 20 cm/12 x 8 vooderdatud Šveitsi rullvormi (želeerulli pann). Küpsetage eelkuumutatud ahjus temperatuuril 200 °C/400 °F/gaasimärk 4 10 minutit, kuni see on hästi kerkinud ja puudutades kõva. Puista puhas käterätik (nõuderätik) tuhksuhkruga ja kummuta kook rätikule. Eemaldage voodripaber, lõigake servad ja lükake noaga umbes 2,5 cm/1 tolli lühikesest servast sisse, lõigates koogi pooleldi labi. Keera kook lõigatud servast rulli. Jäta jahtuma.

Keerake kook lahti ja määrige moosiga, seejärel rullige uuesti kokku ja serveerige tuhksuhkruga üle puistatud.

Apple Šveitsi rull

Teeb ühe 20 cm/8 rulli

100 g/4 untsi/1 tass tavalist (universaalset) jahu

5 ml/1 tl küpsetuspulbrit

Näputäis soola

225 g/8 untsi/1 tass tuhksuhkrut (ülipeent).

3 muna

5 ml/1 tl vaniljeessentsi (ekstrakt)

45 ml/3 spl külma vett

Tuhksuhkur (kondiitri-)suhkur, sõelutud, tolmutamiseks

100 g/4 untsi/1 tass õunamoosi (selge konserv)

Sega jahu, küpsetuspulber, sool ja suhkur, seejärel klopi hulka munad ja vaniljeessents ühtlaseks massiks. Sega juurde vesi. Tõsta segu lusikaga määritud ja jahuga ülepuistatud 30 x 20 cm/12 x 8 Šveitsi rullvormi (želeerullpann) ja küpseta eelkuumutatud ahjus temperatuuril 190°C/375°F/gaasmark 5 20 minutit, kuni see on vetruv. puudutada. Puista puhas käterätik (nõuderätik) tuhksuhkruga ja kummuta kook rätikule. Eemaldage voodripaber, lõigake servad ja lükake noaga umbes 2,5 cm/1 tolli lühikesest servast sisse, lõigates koogi pooleldi läbi. Keera kook lõigatud servast rulli. Jäta jahtuma.

Rulli kook lahti ja määri peaaegu servadeni õunamoosiga. Rulli uuesti kokku ja puista serveerimiseks üle tuhksuhkruga.

Brandy kastanirull

Teeb ühe 20 cm/8 rulli

3 muna

100 g/4 untsi/½ tassi tuhksuhkrut (ülipeent).

100 g/4 untsi/1 tass tavalist (universaalset) jahu

30 ml/2 spl brändit

Piserdamiseks tuhksuhkur (ülipeen).

Täidiseks ja kaunistamiseks:

300 ml/½ pt/1¼ tassi topelt (rasket) koort

15 ml/1 spl tuhksuhkrut (ülipeent).

250 g/9 untsi/1 suur purk kastanipüree

175 g/6 untsi/1½ tassi tavalist (poolmagusat) šokolaadi

15 g/½ untsi/1 spl võid või margariini

30 ml/2 spl brändit

Vahusta munad ja suhkur kahvatuks ja paksuks vahuks. Sega metalllusikaga õrnalt sisse jahu ja brändi. Tõsta lusikaga määritud ja vooderdatud 30 x 20 cm/12 x 8 Šveitsi rullvormi (želeerullpann) ja küpseta eelkuumutatud ahjus temperatuuril 220°C/425°F/gaasimärk 7 12 minutit. Aseta tööpinnale puhas köögirätik (nõuderätik), kata rasvakindla (vahatatud) paberilehega ja puista üle tuhksuhkruga. Pöörake kook paberile.

Eemaldage voodripaber, lõigake servad ja lükake noaga umbes 2,5 cm/1 tolli lühikesest servast sisse, lõigates koogi pooleldi läbi. Keera kook lõigatud servast rulli. Jäta jahtuma.

Täidise valmistamiseks vahusta koor ja suhkur tugevaks vahuks. Sõelu (kurna) kastanipüree, seejärel klopi ühtlaseks. Voldi pool kreemist kastanipüree hulka. Rulli kook lahti ja määri pinnale kastanipüree, seejärel keera kook uuesti kokku. Sulata šokolaad koos või või margariini ja brändiga kuumakindlas kausis, mis on asetatud õrnalt keeva vee pannile. Määri koogile ja märgi kahvliga mustriteks.

Šokolaad Šveitsi rull

Teeb ühe 20 cm/8 rulli

3 muna

75 g/3 untsi/1/3 tassi tuhksuhkrut (ülipeent).

50 g/2 untsi/½ tassi isekerkivat (isekerkivat) jahu

25 g/1 unts/¼ tassi kakaopulbrit (magustamata šokolaad).

Tolmutamiseks tuhksuhkur (ülipeen).

120 ml/4 fl untsi/½ tassi topelt (raske) koort

Tuhksuhkur (kondiitritele) puistamiseks

Vahusta munad ja suhkur umbes 10 minutit väga kahvatuks ja paksuks vahuks ning segu eraldub vispli pealt lintidena. Voldi jahu ja kakao ning tõsta lusikaga määritud ja 30 x 20 cm/12 x 8 Šveitsi rullvormi (želeerulli pann) vooderdatud vormi. Küpsetage eelkuumutatud ahjus temperatuuril 200 °C/400 °F/gaasimärk 4 10 minutit, kuni see on hästi kerkinud ja puudutades kõva. Puista puhas käterätik (nõuderätik) tuhksuhkruga ja kummuta kook rätikule. Eemaldage voodripaber, lõigake servad ja lükake noaga umbes 2,5 cm/1 tolli lühikesest servast sisse, lõigates koogi pooleldi läbi. Keera kook lõigatud servast rulli. Jäta jahtuma.

Vahusta koor tugevaks vahuks. Keerake kook lahti ja määrige kreemiga, seejärel rullige uuesti kokku ja serveerige tuhksuhkruga üle puistatud.

Sidrunirull

Teeb ühe 20 cm/8 rulli

75 g/3 untsi/¾ tassi isekerkivat (isekerkivat) jahu

5 ml/1 tl küpsetuspulbrit

Näputäis soola

1 muna

175 g/6 untsi/¾ tassi tuhksuhkrut (ülipeent).

15 ml/1 spl õli

5 ml/1 tl sidruniessentsi (ekstrakt)

6 munavalget

50 g/2 untsi/1⁄3 tassi tuhksuhkrut (kondiitritele mõeldud) sõelutud

75 ml/5 spl sidruni kohupiima

300 ml/½ pt/1¼ tassi topelt (rasket) koort

10 ml/2 tl riivitud sidrunikoort

Sega omavahel jahu, küpsetuspulber ja sool. Klopi muna paksuks ja sidrunivärviliseks, seejärel vahusta aeglaselt 50 g/2 untsi/¼ tassi tuhksuhkrut kahvatuks ja kreemjaks. Klopi sisse õli ja sidruniessents. Klopi puhtas kausis munavalged pehmeks vahuks, seejärel vahusta järk-järgult ülejäänud tuhksuhkur, kuni segu jääb kõvade tippude hulka. Sega munavalged õli hulka, seejärel sega hulka jahu. Tõsta lusikaga määritud ja vooderdatud 30 x 20 cm/12 x 8 Šveitsi rullvormi (želeerullpann) ja küpseta eelkuumutatud ahjus temperatuuril 190°C/375°F/gaasimärk 5 10 minutit, kuni see on katsudes vetruv. Kata puhas köögirätik (nõuderätik) rasvakindla (vahatatud) paberilehega ja puista tuhksuhkruga, seejärel kummuta kook rätikule. Eemaldage vooderpaber, lõigake servad ja lükake nuga umbes 2,5 cm kaugusele lühikesest servast, lõigates koogi poole pealt läbi. Keera kook lõigatud servast rulli. Jäta jahtuma.

Rulli kook lahti ja määri sidrunikohupiimaga. Vahusta koor tugevaks vahuks ja sega hulka sidrunikoor. Määri peale sidruni kohupiima, seejärel keera kook uuesti kokku. Enne serveerimist jahuta.

Sidruni ja mee-juusturull

Teeb ühe 20 cm/8 rulli

3 muna

75 g/3 untsi/1⁄3 tassi tuhksuhkrut (ülipeent).

1 sidruni riivitud koor

75 g/3 untsi/¾ tassi tavalist (universaalset) jahu

Näputäis soola

tuhksuhkur (ülipeen) puistamiseks Täidise jaoks:

175 g/6 untsi/¾ tassi toorjuustu

30 ml/2 spl selget mett

Tuhksuhkur (kondiitri-)suhkur, sõelutud, tolmutamiseks

Vahusta munad, suhkur ja sidrunikoor kuumakindlas kausis, mis on asetatud tasakesi keeva veega pannile, kuni segu muutub paksuks ja vahuks ning segu eraldub visplilt lintidena. Tõsta tulelt ja vahusta 3 minutit, seejärel sega hulka jahu ja sool. Tõsta lusikaga määritud ja vooderdatud 30 x 20 cm/12 x 8 Šveitsi rullvormi (želeerullpann) ja küpseta eelkuumutatud ahjus 200°C/400°F/gaasimärk 6, kuni see on katsudes kuldpruun ja vetruv. Kata puhas käterätik (nõuderätik) rasvakindla (vahatatud) paberilehega ja puista peale tuhksuhkrut, seejärel kummuta kook rätikule. Eemaldage voodripaber, lõigake servad ja lükake noaga umbes 2,5 cm/1 tolli lühikesest servast sisse, lõigates koogi pooleldi läbi. Keera kook lõigatud servast rulli. Jäta jahtuma.

Sega toorjuust meega. Rulli kook lahti, määri täidisega, seejärel keera kook uuesti rulli ja puista üle tuhksuhkruga.

Laimimarmelaadirull

Teeb ühe 20 cm/8 rulli

3 muna

175 g/6 untsi/¾ tassi tuhksuhkrut (ülipeent).

45 ml/3 spl vett

5 ml/1 tl vaniljeessentsi (ekstrakt)

75 g/3 untsi/¾ tassi tavalist (universaalset) jahu

5 ml/1 tl küpsetuspulbrit

Näputäis soola

25 g/1 unts/¼ tassi jahvatatud mandleid

Piserdamiseks tuhksuhkur (ülipeen).

60 ml/4 spl laimimarmelaadi

150 ml/¼ pt/2/3 tassi topelt (rasket) koort, vahustatud

Klopi munad kahvatuks ja paksuks, seejärel vahusta järk-järgult juurde suhkur, vesi ja vaniljeessents. Sega hulka jahu, küpsetuspulber, sool ja jahvatatud mandlid ning klopi ühtlaseks taignaks. Tõsta lusikaga määritud ja vooderdatud 30 x 20 cm/12 x 8 Šveitsi rullvormi (želeerullpann) ja küpseta eelkuumutatud ahjus temperatuuril 180°C/350°F/gaasmärk 4 12 minutit, kuni see on katsudes vetruv. Puista puhas kätērätik (nõuderätik) suhkruga ja kummuta soe kook riidele. Eemaldage voodripaber, lõigake servad ja lükake noaga umbes 2,5 cm/1 tolli lühikesest servast sisse, lõigates koogi pooleldi läbi. Keera kook lõigatud servast rulli. Jäta jahtuma.

Rulli kook lahti ja määri marmelaadi ja kreemiga. Keera uuesti rulli ja puista peale veel veidi tuhksuhkrut.

Sidruni ja maasika rulaad

Teeb ühe 20 cm/8 rulli

Täidise jaoks:

30 ml/2 spl maisijahu (maisitärklis)

75 g/3 untsi/1/3 tassi tuhksuhkrut (ülipeent).

120 ml / 4 fl untsi / ½ tassi õunamahla

120 ml/4 fl untsi/½ tassi sidrunimahla

2 munakollast, kergelt lahtiklopitud

10 ml/2 tl riivitud sidrunikoort

15 ml/1 spl võid

Tordi jaoks:

3 muna, eraldatud

3 munavalget

Näputäis soola

75 g/3 untsi/1/3 tassi tuhksuhkrut (ülipeent).

15 ml/1 spl õli

5 ml/1 tl vaniljeessentsi (ekstrakt)

5 ml/1 tl riivitud sidrunikoort

50 g/2 untsi/½ tassi tavalist (universaalset) jahu

25 g/1 unts/¼ tassi maisijahu (maisitärklis)

225 g/8 untsi maasikaid, viilutatud

Tuhksuhkur (kondiitri-)suhkur, sõelutud, tolmutamiseks

Täidise valmistamiseks sega pannil omavahel maisijahu ja suhkur, seejärel lisa vähehaaval õuna- ja sidrunimahl. Sega hulka munakollased ja sidrunikoor. Keeda tasasel tulel pidevalt segades väga paksuks. Tõsta tulelt ja sega hulka või. Tõsta lusikaga kaussi, aseta pinnale rasvakindlast (vahatatud) paberist ring, jahuta ja jahuta.

Koogi valmistamiseks vahusta kõik munavalged soolaga pehmeks vahuks. Vahusta suhkur vähehaaval tugevaks ja läikivaks vahuks. Vahusta munakollased, õli, vaniljeessents ja sidrunikoor. Sega hulka lusikatäis valgeid, seejärel sega munavalgete hulka munakollasesegu. Voldi sisse jahu ja maisijahu; ära sega üle. Laota segu võiga määritud, vooderdatud ja jahuga ülepuistatud 30 x 20 cm/ 12 x 8 Šveitsi rullvormi (želeerullpann) ja küpseta eelkuumutatud ahjus 200°C/400°F/gaasmark 4 10 minutit, kuni see on kuldne.. Pöörake kook restil rasvakindlale (vahatatud) paberile. Eemaldage voodripaber, lõigake servad ja lükake noaga umbes 2,5 cm/1 tolli lühikesest servast sisse, lõigates koogi pooleldi läbi. Keera kook lõigatud servast rulli. Jäta jahtuma.

Rulli lahti ja määri jahe kook sidrunitäidisega ning laota peale maasikad. Kasutades paberit, keera rulaad uuesti kokku ja puista serveerimiseks üle tuhksuhkruga.

Apelsini ja mandli Šveitsi rull

Teeb ühe 20 cm/8 rulli

4 muna, eraldatud

225 g/8 untsi/1 tass tuhksuhkrut (ülipeent).

60 ml/4 spl apelsinimahla

150 g/5 untsi/1¼ tassi tavalist (universaalset) jahu

5 ml/1 tl küpsetuspulbrit

Näputäis soola

5 ml/1 tl vaniljeessentsi (ekstrakt)

½ apelsini riivitud koor

Piserdamiseks tuhksuhkur (ülipeen).

Täidise jaoks:

2 apelsini

30 ml/2 spl želatiinipulbrit

120 ml / 4 fl untsi / ½ tassi vett

250 ml / 8 fl untsi / 1 tass apelsinimahla

100 g/4 untsi/½ tassi tuhksuhkrut (ülipeent).

4 munakollast

250 ml/8 fl untsi/1 tass topelt (raske) koort

100 g/4 untsi/1/3 tassi aprikoosimoosi (konserv), sõelutud (kurnatud)

15 ml / 1 spl vett

100 g/4 untsi/1 tass helvestest (tükeldatud) mandleid, röstitud

Vahusta munakollased, tuhksuhkur ja apelsinimahl kahvatuks ja kohevaks vahuks. Sega metalllusika abil järk-järgult sisse jahu ja küpsetuspulber. Vahusta munavalged ja sool tugevaks vahuks, seejärel sega metalllusikaga vanilliessentsi ja riivitud apelsinikoorega segusse. Tõsta lusikaga määritud ja vooderdatud 30 x 20 cm/12 x 8 Šveitsi rullvormi (želeerullpann) ja küpseta eelkuumutatud ahjus temperatuuril 200°C/400°F/gaasimärk 6 10 minutit, kuni see on katsudes vetruv. Tõsta tuhksuhkruga üle puistatud puhtale köögirätikule (nõudelapile). Eemaldage voodripaber, lõigake servad ja lükake noaga umbes 2,5 cm/1 tolli lühikesest servast sisse, lõigates koogi pooleldi läbi. Keera kook lõigatud servast rulli. Jäta jahtuma.

Täidise valmistamiseks riivi ühe apelsini koor. Koori mõlemad apelsinid ning eemalda nende südamik ja membraanid. Poolita segmendid ja jäta nõrguma. Puista želatiin kaussi vee peale ja jäta käsnaks. Seisa kauss kuumas vees, kuni see on lahustunud. Lase veidi jahtuda. Vahusta apelsinimahl ja koor koos suhkru ja munakollastega kuumakindlas kausis, tõsta vaikselt keeva veega pannile paksuks ja kreemjaks vahuks. Tõsta tulelt ja sega hulka želatiin. Sega aeg-ajalt, kuni see jahtub. Vahusta koor tugevaks vahuks, seejärel sega segusse ja jahuta.

Rulli kook lahti, määri apelsinikreemiga ja puista peale apelsinitükid. Rulli uuesti kokku. Kuumuta moosi koos veega, kuni see on hästi segunenud. Pintselda koogile ja puista õrnalt alla vajutades röstitud mandlitega.

Tagaküljega maasika Šveitsi rull

Teeb ühe 20 cm/8 rulli

3 muna

75 g/3 untsi/1/3 tassi tuhksuhkrut (ülipeent).

75 g/3 untsi/¾ tassi isekerkivat (isekerkivat) jahu

Tolmutamiseks tuhksuhkur (ülipeen).

75 ml/5 spl vaarikamoosi (konserv)

150 ml/¼ pt/2/3 tassi vahukoort või topelt (raske) koort

100 g/4 untsi maasikaid

Vahusta munad ja suhkur umbes 10 minutit väga kahvatuks ja paksuks vahuks ning segu eraldub vispli pealt lintidena. Voldi jahu ja lusikaga määritud ja 30 x 20 cm/12 x 8 vooderdatud Šveitsi rullvormi (želeerulli pann). Küpsetage eelkuumutatud ahjus temperatuuril 200 °C/400 °F/gaasimärk 4 10 minutit, kuni see on hästi kerkinud ja puudutades kõva. Puista puhas käterätik (nõuderätik) tuhksuhkruga ja kummuta kook rätikule. Eemaldage voodripaber, lõigake servad ja lükake noaga umbes 2,5 cm/1 tolli lühikesest servast sisse, lõigates koogi pooleldi läbi. Keera kook lõigatud servast rulli. Jäta jahtuma.

Keerake kook lahti ja määrige moosiga, seejärel keerake uuesti kokku. Lõika kook pikuti pooleks ja aseta ümarad küljed kokku serveerimistaldrikule, lõikepooled väljapoole. Vahusta koor tugevaks vahuks, seejärel nirista koogi peale ja külgedele. Viiluta või veerandi maasikad, kui need on suured, ja aseta dekoratiivselt koogi peale.

Kõik-ühes šokolaadikook

Teeb ühe 20 cm/8 kooki

100 g/4 untsi/½ tassi võid või margariini, pehmendatud

100 g/4 untsi/½ tassi tuhksuhkrut (ülipeent).

100 g/4 untsi/1 tass isekerkivat (isekerkivat) jahu

15 ml/1 spl kakao (magustamata šokolaadi) pulbrit

2,5 ml/½ tl küpsetuspulbrit

2 muna

Blenderda kõik koostisosad hästi segunemiseni. Tõsta lusikaga määritud ja vooderdatud 20 cm/8 koogivormi (pann) ja küpseta eelsoojendatud ahjus 180°C/350°F/gaasmärk 4 30 minutit, kuni see on hästi kerkinud ja katsudes vetruv.

Šokolaadi banaanipäts

Teeb ühe 900 g/2 naela pätsi

150 g/5 untsi/2/3 tassi võid või margariini

150 g/5 untsi/2/3 tassi pehmet pruuni suhkrut

150 g/5 untsi/1¼ tassi tavalist (poolmagusat) šokolaadi

2 banaani, purustatud

3 muna, lahtiklopitud

200 g/7 untsi/1¾ tassi tavalist (universaalset) jahu

10 ml/2 tl küpsetuspulbrit

Sulata või või margariin suhkru ja šokolaadiga. Tõsta tulelt, seejärel sega ühtlaseks massiks banaanid, munad, jahu ja küpsetuspulber. Tõsta lusikaga määritud ja vooderdatud 900 g/2 naela pätsivormi (pannile) ja küpseta eelsoojendatud ahjus temperatuuril 150°C/300°F/gaasimärk 3 1 tund, kuni see on katsudes vetruv. Lase vormis 5 minutit jahtuda, enne kui keerad välja, et restil jahtuda.

Šokolaadi- ja mandlikook

Teeb ühe 20 cm/8 kooki

100 g/4 untsi/½ tassi võid või margariini, pehmendatud

100 g/4 untsi/½ tassi tuhksuhkrut (ülipeent).

2 muna, kergelt lahtiklopitud

2,5 ml/½ tl mandli essentsi (ekstrakt)

100 g/4 untsi/1 tass isekerkivat (isekerkivat) jahu

25 g/1 unts/¼ tassi kakaopulbrit (magustamata šokolaad).

2,5 ml/½ tl küpsetuspulbrit

45 ml/3 spl jahvatatud mandleid

60 ml/4 spl piima

Tuhksuhkur (kondiitritele) tolmutamiseks

Vahusta või või margariin ja suhkur heledaks ja kohevaks vahuks. Löö vähehaaval sisse munad ja mandlisesents, seejärel sega hulka jahu, kakao ja küpsetuspulber. Sega hulka jahvatatud mandlid ja nii palju piima, et tekiks pehme tilgutav konsistents. Tõsta segu lusikaga määritud ja vooderdatud 20 cm/8 koogivormi (pannile) ja küpseta eelkuumutatud ahjus 200°C/400°F/gaasmärk 6 15-20 minutit, kuni see on hästi kerkinud ja katsudes vetruv. Serveeri tuhksuhkruga üle puistatuna.

Jäämandli šokolaadikook

Teeb ühe 23 cm/9 kooki

225 g/8 untsi/2 tassi tavalist (poolmagusat) šokolaadi

225 g/8 untsi/1 tass võid või margariini, pehmendatud

225 g/8 untsi/1 tass tuhksuhkrut (ülipeent).

5 muna, eraldatud

225 g/8 untsi/2 tassi isekerkivat (isekerkivat) jahu

100 g/4 untsi/1 tass jahvatatud mandleid

Glasuuri jaoks (glasuuri jaoks):

175 g/6 untsi/1 tass tuhksuhkrut (kondiitritele).

25 g/1 unts/¼ tassi kakaopulbrit (magustamata šokolaad).

30 ml/2 spl Cointreau

30 ml/2 spl vett

Kaunistuseks blanšeeritud mandlid

Sulata šokolaad kuumakindlas kausis, mis on asetatud õrnalt keeva veega pannile. Lase veidi jahtuda. Vahusta või või margariin ja suhkur heledaks ja kohevaks vahuks. Klopi sisse munakollased, seejärel vala sulašokolaad. Sega hulka jahu ja jahvatatud mandlid. Vahusta munavalged kõvaks vahuks, seejärel sega järk-järgult šokolaadisegu hulka. Tõsta lusikaga määritud ja vooderdatud lahtise põhjaga 23 cm/9 koogivormi (pann) ja küpseta eelkuumutatud ahjus 180°C/350°F/gaasmark 4 1¼ tundi, kuni see on hästi kerkinud ja katsudes vetruv. Jäta jahtuma.

Glasuuri valmistamiseks sega kokku tuhksuhkur ja kakao ning tee keskele süvend. Soojendage Cointreau ja vesi, seejärel segage järk-järgult piisavalt vedelikku tuhksuhkru hulka, et saada määritav glasuur. Silu koogile ja märgi enne jahtumist glasuuri sisse muster. Kaunista mandlitega.

Šokolaadi ingli kook

Teeb ühe 900 g/2 naela koogi

6 munavalget

Näputäis soola

5 ml/1 tl hambakivi

450 g/1 naela/2 tassi tuhksuhkrut (ülipeent).

2,5 ml/½ tl sidrunimahla

Paar tilka vaniljeessentsi (ekstrakt)

100 g/4 untsi/1 tass tavalist (universaalset) jahu

50 g/2 untsi/½ tassi kakaopulbrit (magustamata šokolaad).

5 ml/1 tl küpsetuspulbrit

                    Glasuuri jaoks (glasuuri jaoks):

175 g/6 untsi/1 tass tuhksuhkrut (kondiitritele), sõelutud

5 ml/1 tl kakao (magustamata šokolaadi) pulbrit

Paar tilka vaniljeessentsi (ekstrakt)

30 ml/2 spl piima

Vahusta munavalged ja sool, kuni moodustuvad pehmed tipud. Lisa hambakivi ja klopi tugevaks vahuks. Sega hulka suhkur, sidrunimahl ja vaniljeessents. Sega omavahel jahu, kakao ja küpsetuspulber ning sega siis segu hulka. Tõsta lusikaga määritud ja vooderdatud 900 g/2 naela pätsivormi (pann) ja küpseta eelkuumutatud ahjus temperatuuril 180°C/350°F/gaasimärk 4 1 tund, kuni see on tahenenud. Võta kohe pannilt välja ja lase restil jahtuda.

Glasuuri valmistamiseks klopi kõik glasuuri ained ühtlaseks massiks, lisades vähehaaval piima. Nirista jahtunud koogile.

Ameerika šokolaadikook

Teeb ühe 23 cm/9 kooki

175 g/6 untsi/1½ tassi tavalist (universaalset) jahu

45 ml/3 spl kakao (magustamata šokolaadi) pulbrit

5 ml/1 tl soodavesinikkarbonaati (söögisoodat)

225 g/8 untsi/1 tass tuhksuhkrut (ülipeent).

75 ml/5 spl õli

15 ml/1 spl valge veini äädikat

5 ml/1 tl vaniljeessentsi (ekstrakt)

250 ml/8 fl untsi/1 tass külma vett

Glasuuri jaoks (glasuuri jaoks):

50 g/2 untsi/¼ tassi toorjuustu

30 ml/2 spl võid või margariini

2,5 ml/½ tl vaniljeessentsi (ekstrakt)

175 g/6 untsi/1 tass tuhksuhkrut (kondiitritele), sõelutud

Sega omavahel kuivained ja tee keskele süvend. Vala õli, veiniäädikas ja vaniljeessents ning sega korralikult läbi. Sega juurde külm vesi ja sega uuesti ühtlaseks massiks. Vala võiga määritud 23 cm/9 küpsetusvormi (pannile) ja küpseta eelkuumutatud ahjus 180°C/350°F/ gaasimärk 4 30 minutit. Jäta jahtuma.

Glasuuri valmistamiseks klopi toorjuust, või või margariin ja vaniljeessents heledaks ja kohevaks vahuks. Vahusta tuhksuhkur vähehaaval ühtlaseks. Määri koogi peale.

Šokolaadi-õunakook

Teeb ühe 20 cm/8 kooki

2 keedu (hapu) õuna

Sidrunimahl

100 g/4 untsi/½ tassi võid või margariini, pehmendatud

225 g/8 untsi/1 tass tuhksuhkrut (ülipeent).

2 muna, kergelt lahtiklopitud

5 ml/1 tl vaniljeessentsi (ekstrakt)

250 g/9 untsi/2¼ tassi tavalist (universaalset) jahu

25 g/1 unts/¼ tassi kakaopulbrit (magustamata šokolaad).

5 ml/1 tl küpsetuspulbrit

5 ml/1 tl soodavesinikkarbonaati (söögisoodat)

150 ml / ¼ pt / 2/3 tassi piima

Glasuuri jaoks (glasuuri jaoks):

450 g/1 naela/2 2/3 tassi tuhksuhkrut (kondiitritele mõeldud) sõelutud

25 g/1 unts/¼ tassi kakaopulbrit (magustamata šokolaad).

50 g/2 untsi/¼ tassi võid või margariini

75 ml/5 spl piima

Koori õunad, eemalda südamik ja tükelda peeneks, seejärel piserda peale veidi sidrunimahla. Vahusta või või margariin ja suhkur heledaks ja kohevaks vahuks. Klopi juurde vähehaaval munad ja vaniljeessents, seejärel sega vaheldumisi piimaga jahu, kakao, küpsetuspulber ja soodavesinikkarbonaat, kuni kõik on hästi segunenud. Sega juurde tükeldatud õunad. Tõsta lusikaga määritud ja vooderdatud 20 cm/8 koogivormi (pannile) ja küpseta eelkuumutatud ahjus 180°C/350°F/gaasimärk 4 45 minutit, kuni keskele torgatud varras tuleb puhtana välja. Lase 10 minutit vormis jahtuda, seejärel kummuta restile jahtumise lõpetamiseks.

Glasuuri valmistamiseks vahusta omavahel tuhksuhkur, kakao ja või või margariin, lisades täpselt nii palju piima, et segu oleks ühtlane ja kreemjas. Laota koogi pealt ja külgedele ning märgi kahvliga mustriteks.

Šokolaadi Brownie kook

Teeb ühe 38 x 25 cm/15 x 10 koogi

100 g/4 untsi/½ tassi võid või margariini

100 g/4 untsi/½ tassi seapekk (lühenemine)

250 ml/8 fl untsi/1 tass vett

25 g/1 unts/¼ tassi kakaopulbrit (magustamata šokolaad).

225 g/8 untsi/2 tassi tavalist (universaalset) jahu

450 g/1 naela/2 tassi tuhksuhkrut (ülipeent).

120 ml/4 fl untsi/½ tassi petipiima

2 muna, lahtiklopitud

5 ml/1 tl soodavesinikkarbonaati (söögisoodat)

Näputäis soola

5 ml/1 tl vaniljeessentsi (ekstrakt)

Sulata väikesel pannil või või margariin, seapekk, vesi ja kakao. Sega kausis jahu ja suhkur, vala hulka sulatatud segu ja sega korralikult läbi. Segage ülejäänud koostisosad ja klopige, kuni see on hästi segunenud. Tõsta lusikaga määritud ja jahuga ülepuistatud Šveitsi rullvormi (želeerullpann) ja küpseta eelkuumutatud ahjus temperatuuril 200°C/400°F/gaasmark 6 20 minutit, kuni see on katsudes vetruv.

Šokolaadi- ja petipiimakook

Teeb ühe 23 cm/9 kooki

225 g/8 untsi/2 tassi isekerkivat (isekerkivat) jahu

350 g/12 untsi/1½ tassi tuhksuhkrut (ülipeent).

5 ml/1 tl soodavesinikkarbonaati (söögisoodat)

2,5 ml / ½ tl soola

100 g/4 untsi/½ tassi võid või margariini

250 ml/8 fl untsi/1 tass petipiima

2 muna

50 g/2 untsi/½ tassi kakaopulbrit (magustamata šokolaad).

American Velvet Frosting

Sega omavahel jahu, suhkur, soodavesinikkarbonaat ja sool. Hõõru sisse võid või margariini, kuni segu meenutab riivsaia, seejärel klopi hulka petipiim, munad ja kakao ning jätka ühtlaseks vahustamist. Tõsta segu lusikaga kahte rasvainega määritud ja vooderdatud 23 cm/9 võileivavormi (pannidesse) ja küpseta eelkuumutatud ahjus 180°C/350°F/gaasimärk 4 30 minutit, kuni keskele torgatud varras tuleb puhtana välja. Võileib koos poole American Velvet Frostingiga ja kata kook ülejäänud osaga. Jäta tarduma.

Šokolaaditükk ja mandlikook

Teeb ühe 20 cm/8 kooki

175 g/6 untsi/¾ tassi võid või margariini, pehmendatud

175 g/6 untsi/¾ tassi tuhksuhkrut (ülipeent).

3 muna, kergelt lahtiklopitud

225 g/8 untsi/2 tassi isekerkivat (isekerkivat) jahu

50 g/2 untsi/½ tassi jahvatatud mandleid

100 g/4 untsi/1 tass šokolaaditükke

30 ml/2 spl piima

25 g/1 unts/¼ tassi helvestatud (tükeldatud) mandleid

Vahusta või või margariin ja suhkur heledaks ja kohevaks vahuks. Löö vähehaaval sisse munad, seejärel sega hulka jahu, jahvatatud mandlid ja šokolaaditükid. Blenderda juurde nii palju piima, et konsistents oleks tilkuv, seejärel sega hulka mandlihelbed. Tõsta lusikaga määritud ja vooderdatud 20 cm/8 koogivormi (pannile) ja küpseta eelkuumutatud ahjus 180°C/350°F/gaasimärk 4 1 tund, kuni keskele torgatud varras tuleb puhtana välja. Jahuta vormis 5 minutit, seejärel tõsta jahtumise lõpetamiseks restile.

Šokolaadikreemi kook

Teeb ühe 18 cm/7 kooki

4 muna

100 g/4 untsi/½ tassi tuhksuhkrut (ülipeent).

60 g/2½ untsi/2/3 tassi tavalist (universaalset) jahu

25 g/1 unts/¼ tassi joogišokolaadipulbrit

150 ml/¼ pt/2/3 tassi topelt (rasket) koort

Vahusta munad ja suhkur heledaks ja kohevaks vahuks. Sega sisse jahu ja joogišokolaad. Tõsta segu lusikaga kahte rasvainega määritud ja vooderdatud 18 cm/7 võileivavormi (pannid) ja küpseta eelsoojendatud ahjus 200°C/400°F/gaasimärk 6 15 minutit, kuni see on katsudes vetruv. Jahuta restil. Vahusta koor tugevaks vahuks, seejärel võile koogid koos kreemiga.

Datlitega šokolaadikook

Teeb ühe 20 cm/8 kooki

25 g/1 unts/1 kandiline tavaline (poolmagus) šokolaad

175 g/6 untsi/1 tass kivideta (kivideta) datleid, tükeldatud

5 ml/1 tl soodavesinikkarbonaati (söögisoodat)

375 ml/13 fl untsi/1½ tassi keeva vett

175 g/6 untsi/¾ tassi võid või margariini, pehmendatud

225 g/8 untsi/1 tass tuhksuhkrut (ülipeent).

2 muna, lahtiklopitud

175 g/6 untsi/1½ tassi tavalist (universaalset) jahu

2,5 ml / ½ tl soola

50 g/2 untsi/¼ tassi granuleeritud suhkrut

100 g/4 untsi/1 tass tavalisi (poolmagusaid) šokolaaditükke

Sega kokku šokolaad, datlid, soodavesinikkarbonaat ja keev vesi ning sega, kuni šokolaad on sulanud. Vahusta või või margariin ja suhkur heledaks ja kohevaks vahuks. Löö vähehaaval sisse munad. Sega jahu ja sool vaheldumisi šokolaadiseguga ning sega, kuni see on hästi segunenud. Tõsta lusikaga määritud ja jahuga ülepuistatud 20 cm/8 kandilisse koogivormi (panni). Sega granuleeritud suhkur ja šokolaaditükid ning puista peale. Küpseta eelkuumutatud ahjus 160°C/325°F/gaasitähis 3 45 minutit, kuni keskele torgatud varras tuleb puhtana välja.

Perekondlik šokolaadikook

Teeb ühe 23 cm/9 kooki

100 g/4 untsi/½ tassi võid või margariini, pehmendatud

175 g/6 untsi/¾ tassi tuhksuhkrut (ülipeent).

2 muna, kergelt lahtiklopitud

5 ml/1 tl vaniljeessentsi (ekstrakt)

225 g/8 untsi/2 tassi tavalist (universaalset) jahu

45 ml/3 spl kakao (magustamata šokolaadi) pulbrit

10 ml/2 tl küpsetuspulbrit

2,5 ml/½ tl soodavesinikkarbonaati (söögisoodat)

Näputäis soola

150 ml / 8 fl untsi / 1 tass vett

Vahusta või või margariin ja suhkur heledaks ja kohevaks vahuks. Klopi juurde vähehaaval munad ja vaniljeessents, seejärel sega vaheldumisi veega jahu, kakao, küpsetuspulber, soodavesinikkarbonaat ja sool ühtlaseks taignaks. Tõsta lusikaga määritud ja vooderdatud 23 cm/9 koogivormi (pann) ja küpseta eelkuumutatud ahjus temperatuuril 220°C/425°F/gaasimärk 7 20–25 minutit, kuni see on hästi kerkinud ja katsudes vetruv.

Kuradi toidukook vahukommi glasuuriga

Teeb ühe 18 cm/7 kooki

100 g/4 untsi/½ tassi võid või margariini, pehmendatud

100 g/4 untsi/½ tassi tuhksuhkrut (ülipeent).

2 muna, kergelt lahtiklopitud

75 g/3 untsi/1/3 tassi isekerkivat (isekerkivat) jahu

15 ml/1 spl kakao (magustamata šokolaadi) pulbrit

Näputäis soola

Glasuuri jaoks (glasuuri jaoks):

100 g/4 untsi vahukommi

30 ml/2 spl piima

2 munavalget

25 g/1 untsi/2 spl tuhksuhkrut (ülipeent).

Kaunistuseks riivitud šokolaad

Vahusta või või margariin ja suhkur heledaks ja kohevaks vahuks. Klopi järk-järgult sisse munad, seejärel sega hulka jahu, kakao ja sool. Tõsta segu lusikaga kahte rasvainega määritud ja vooderdatud 18 cm/7 võileivavormi (pannid) ja küpseta eelkuumutatud ahjus 180°C/350°F/gaasimärk 4 25 minutit, kuni see on hästi kerkinud ja katsudes vetruv. Jäta jahtuma.

Sulata vahukommid koos piimaga tasasel tulel aeg-ajalt segades, seejärel lase jahtuda. Vahusta munavalged tugevaks vahuks, seejärel sega hulka suhkur ja vahusta uuesti tugevaks ja läikivaks vahuks. Sega vahukommisegu hulka ja jäta veidi tahenema. Määri koogid kokku ühe kolmandiku vahukommi glasuuriga, seejärel määri ülejäänud osa koogi pealispinnale ja külgedele ning kaunista riivitud šokolaadiga.

Unistav šokolaadikook

Teeb ühe 23 cm/9 kooki

225 g/8 untsi/2 tassi tavalist (poolmagusat) šokolaadi

30 ml/2 spl lahustuvat kohvipulbrit

45 ml/3 spl vett

4 muna, eraldatud

150 g/5 untsi/2/3 tassi võid või margariini, tükeldatud

Näputäis soola

100 g/4 untsi/½ tassi tuhksuhkrut (ülipeent).

50 g/2 untsi/½ tassi maisijahu (maisitärklis)

Kaunistuseks:

150 ml/¼ pt/2/3 tassi topelt (rasket) koort

25 g/1 untsi/3 spl tuhksuhkrut (kondiitritele).

175 g/6 untsi/1½ tassi kreeka pähkleid, hakitud

Sulata šokolaad, kohv ja vesi kuumakindlas kausis, mis on asetatud õrnalt podiseva vee pannile. Tõsta tulelt ja klopi vähehaaval hulka munakollased. Sega tükkhaaval või, kuni see segusse on sulanud. Vahusta munavalged ja sool, kuni moodustuvad pehmed tipud. Lisa ettevaatlikult suhkur ja klopi tugevaks vahuks. Klopi sisse maisijahu. Murra lusikatäis segu šokolaadi hulka, seejärel sega šokolaad ülejäänud munavalgete hulka. Tõsta lusikaga määritud ja vooderdatud 23 cm/9 koogivormi (pann) ja küpseta eelkuumutatud ahjus temperatuuril 180°C/350°F/gaasimärk 4 45 minutit, kuni see on hästi kerkinud ja katsudes lihtsalt vetruv. Võta ahjust välja ja lase enne vormist väljavõtmist veidi jahtuda; kook läheb pragu ja vajub ära. Lase täielikult jahtuda.

Vahusta koor tugevaks vahuks, seejärel vahusta hulka suhkur.

Määri osa kreemist koogi äärtele ja suru kaunistamiseks sisse hakitud pähklid. Määri või toru peale ülejäänud kreem.

Floataway šokolaadikook

Teeb ühe 23 x 30 cm/9 x 12 koogi

2 muna, eraldatud

350 g/12 untsi/1½ tassi tuhksuhkrut (ülipeent).

200 g/7 untsi/1¾ tassi isekerkivat (isekerkivat) jahu

2,5 ml/½ tl soodavesinikkarbonaati (söögisoodat)

2,5 ml / ½ tl soola

60 ml/4 spl kakao (magustamata šokolaadi) pulbrit

75 ml/5 spl õli

250 ml/8 fl untsi/1 tass petipiima

Vahusta munavalged tugevaks vahuks. Vahusta järk-järgult 100 g/4 untsi/½ tassi suhkrut ja klopi kuni jäigaks ja läikivaks. Sega omavahel ülejäänud suhkur, jahu, soodavesinikkarbonaat, sool ja kakao. Klopi sisse munakollased, õli ja petipiim. Klopi ettevaatlikult hulka munavalged. Tõsta lusikaga määritud ja jahuga ülepuistatud 23 x 32 cm/9 x 12 koogivormi (panni) ja küpseta eelsoojendatud ahjus 180°C/350°F/gaasmärk 4 40 minutit, kuni keskele torgatud tikk väljub. puhas.

Sarapuupähkli- ja šokolaadikook

Teeb ühe 25 cm/10 kooki

100 g/4 untsi/1 tass sarapuupähkleid

175 g/6 untsi/¾ tassi tuhksuhkrut (ülipeent).

175 g/6 untsi/1½ tassi tavalist (universaalset) jahu

50 g/2 untsi/½ tassi kakaopulbrit (magustamata šokolaad).

5 ml/1 tl küpsetuspulbrit

Näputäis soola

2 muna, kergelt lahtiklopitud

2 munavalget

175 ml/6 fl untsi/¾ tassi õli

60 ml/4 spl külma kanget musta kohvi

Laota sarapuupähklid küpsetusvormi (pannile) ja küpseta eelkuumutatud ahjus temperatuuril 180°C/350°F/gaasimärk 4 15 minutit, kuni need on pruunistunud. Hõõru koore eemaldamiseks reipalt käterätikuga (nõudelapiga), seejärel haki pähklid köögikombainis peeneks koos 15 ml/1 spl suhkruga. Sega pähklid jahu, kakao, küpsetuspulbri ja soolaga. Vahusta munad ja munavalged vahuks. Lisa vähehaaval ülejäänud suhkur ja jätka vahustamist kuni kahvatuks. Sega järk-järgult sisse õli, seejärel kohv. Sega kuivained, seejärel tõsta lusikaga määritud ja vooderdatud 25 cm/10 lahtise põhjaga koogivormi (panni) ja küpseta eelkuumutatud ahjus 180°C/350°F/gaasmärk 4 30 minutit, kuni see on vetruv. puudutus.

Šokolaadi-fudge kook

Teeb ühe 900 g/2 naela koogi

60 ml/4 spl kakao (magustamata šokolaadi) pulbrit

100 g/4 untsi/½ tassi võid või margariini

120 ml/4 fl untsi/½ tassi õli

250 ml/8 fl untsi/1 tass vett

350 g/12 untsi/1½ tassi tuhksuhkrut (ülipeent).

225 g/8 untsi/2 tassi isekerkivat (isekerkivat) jahu

2 muna, lahtiklopitud

120 ml/4 fl untsi/½ tassi piima

2,5 ml/½ tl soodavesinikkarbonaati (söögisoodat)

5 ml/1 tl vaniljeessentsi (ekstrakt)

Glasuuri jaoks (glasuuri jaoks):

60 ml/4 spl kakao (magustamata šokolaadi) pulbrit

100 g/4 untsi/½ tassi võid või margariini

60 ml/4 spl aurutatud piima

450 g/1 naela/2 2/3 tassi tuhksuhkrut (kondiitritele mõeldud) sõelutud

5 ml/1 tl vaniljeessentsi (ekstrakt)

100 g/4 untsi/1 tass tavalist (poolmagusat) šokolaadi

Pane kakao, või või margariin, õli ja vesi pannile ning kuumuta keemiseni. Tõsta tulelt ning sega hulka suhkur ja jahu. Klopi lahti munad, piim, soodavesinikkarbonaat ja vaniljeessents ning lisa seejärel pannil olevale segule. Valage rasvainega määritud ja vooderdatud 900 g (2 naela) leivavormi (pannile) ja küpsetage eelkuumutatud ahjus temperatuuril 180°C/350°F/gaasmärk 4 1¼ tundi, kuni see on hästi kerkinud ja puudutades vetruv. Pöörake välja ja jahutage restil.

Glasuuri valmistamiseks lase kõik ained keskmise suurusega pannil keema. Klopi ühtlaseks ja vala siis veel soojas koogile. Jäta tarduma.

Chocolate Gâteau

Teeb ühe 23 cm/9 kooki

150 g/5 untsi/1¼ tassi tavalist (poolmagusat) šokolaadi

150 g/5 untsi/2/3 tassi võid või margariini, pehmendatud

150 g/5 untsi/2/3 tassi tuhksuhkrut (ülipeent).

75 g/3 untsi/¾ tassi jahvatatud mandleid

3 muna, eraldatud

100 g/4 untsi/1 tass tavalist (universaalset) jahu

Täidiseks ja katteks:

300 ml/½ pt/1¼ tassi topelt (rasket) koort

200 g/7 untsi/1¾ tassi tavalist (poolmagusat) šokolaadi, tükeldatud

Purustatud šokolaadihelbed

Sulata šokolaad kuumakindlas kausis tasakesi keeva veega pannil. Vahusta või või margariin ja suhkur, seejärel sega hulka šokolaad, mandlid ja munakollased. Vahusta munavalged pehmeks vahuks, seejärel sega need metalllusikaga segusse. Sega ettevaatlikult sisse jahu. Tõsta lusikaga määritud 23 cm/9 koogivormi (pannile) ja küpseta eelkuumutatud ahjus temperatuuril 180°C/350°F/gaasmärk 4 40 minutit, kuni see on katsudes vetruv.

Samal ajal lase koor keema tõusta, seejärel lisa tükeldatud šokolaad ja sega kuni sulamiseni. Jäta jahtuma. Kui kook on küpsenud ja jahtunud, viiluta horisontaalselt ja võileib kokku poole šokolaadikreemiga. Määri ülejäänud osa peale ja kaunista murendatud šokolaadihelvestega.

Itaalia šokolaadikook

Teeb ühe 23 cm/9 kooki

100 g/4 untsi/½ tassi võid või margariini

225 g/8 untsi/1 tass pehmet pruuni suhkrut

30 ml/2 spl kakao (magustamata šokolaadi) pulbrit

3 muna, hästi pekstud

75 g/3 untsi/¾ tassi tavalist (poolmagusat) šokolaadi

150 ml/4 fl untsi/½ tassi keeva vett

400 g/14 untsi/3½ tassi tavalist (universaalset) jahu

5 ml/1 tl küpsetuspulbrit

Näputäis soola

10 ml/2 tl vaniljeessentsi (ekstrakt)

175 ml/6 fl untsi/¾ tassi ühekordne (kerge) koor

150 ml/¼ pt/2/3 tassi topelt (rasket) koort

Vahusta või või margariin, suhkur ja kakao. Löö vähehaaval sisse munad. Sulata šokolaad keevas vees, seejärel lisa segule. Sega juurde jahu, küpsetuspulber ja sool. Klopi sisse vaniljeessents ja ühekordne kreem. Tõsta lusikaga kahte võiga määritud ja vooderdatud 23 cm/9 koogivormi (vormi) ja küpseta eelkuumutatud ahjus temperatuuril 180°C/350°F/gaasimärk 4 25 minutit, kuni see on hästi kerkinud ja katsudes vetruv. Lase vormides 5 minutit jahtuda, seejärel kummuta jahtumise lõpetamiseks restile. Vahusta koor tugevaks vahuks, seejärel kasuta kookide võileivale.

Jäätunud sarapuupähkli šokolaadikook

Teeb ühe 23 cm/9 kooki

150 g/5 untsi/1¼ tassi koorega sarapuupähkleid

225 g/8 untsi/1 tass granuleeritud suhkrut

15 ml/1 spl lahustuvat kohvipulbrit

60 ml/4 spl vett

175 g/6 untsi/1½ tassi tavalist (poolmagusat) šokolaadi, purustatud

5 ml/1 tl mandli essentsi (ekstrakt)

100 g/4 untsi/½ tassi võid või margariini, pehmendatud

8 muna, eraldatud

45 ml/3 spl digestive biskviidi (Grahami kreekeri) puru

Glasuuri jaoks (glasuuri jaoks):

175 g/6 untsi/1½ tassi tavalist (poolmagusat) šokolaadi, purustatud

60 ml/4 spl vett

15 ml/1 spl lahustuvat kohvipulbrit

225 g/8 untsi/1 tass võid või margariini, pehmendatud

3 munakollast

175 g/6 untsi/1 tass tuhksuhkrut (kondiitritele).

Kaunistuseks riivitud šokolaad (valikuline)

Rösti sarapuupähkleid kuival pannil kergelt pruuniks, panni aegajalt raputades, seejärel jahvata üsna peeneks. Jäta glasuuri jaoks kõrvale 45 ml/3 spl.

Lahusta suhkur ja kohv vees tasasel tulel segades 3 minutit. Tõsta tulelt ning sega hulka šokolaad ja mandlisesents. Sega, kuni see on sulanud ja ühtlane, seejärel lase veidi jahtuda. Vahusta või või margariin heledaks ja kohevaks vahuks, seejärel klopi järk-järgult hulka munakollased. Sega juurde sarapuupähklid ja biskviidipuru. Vahusta munavalged tugevaks vahuks, seejärel sega segu hulka.

Tõsta lusikaga kahte võiga määritud ja vooderdatud 23 cm/9 koogivormi (vormi) ja küpseta eelkuumutatud ahjus 180°C/350°F/gaasimärk 4 25 minutit, kuni kook hakkab vormi külgedest eemale tõmbuma. ja tundub katsudes vetruv.

Glasuuri valmistamiseks sulata šokolaad, vesi ja kohv tasasel tulel, sega ühtlaseks massiks. Jäta jahtuma. Vahusta või või margariin heledaks ja kohevaks kreemiks. Klopi juurde vähehaaval munakollased, seejärel šokolaadisegu. Vahusta sisse tuhksuhkur. Jahuta, kuni saavutad määritava konsistentsi.

Asetage koogid koos poole glasuuriga, seejärel määrige pool ülejäänud osast koogi külgedele ja suruge jäetud sarapuupähklid külgedele. Katke koogi pealmine kiht õhukese glasuuriga ja servadest toruroosikesed. Soovi korral kaunista riivitud šokolaadiga.

Itaalia šokolaadi ja brändi koorekook

Teeb ühe 23 cm/9 kooki

400 g/14 untsi/3½ tassi tavalist (poolmagusat) šokolaadi

400 ml/14 fl untsi/1¾ tassi topelt (raske) koort

600 ml/1 pt/2½ tassi külma kanget musta kohvi

75 ml/5 spl brändit või Amarettot

400 g/14 untsi käsnküpsised

Sulata šokolaad kuumakindlas kausis, mis on asetatud õrnalt keeva veega pannile. Tõsta pliidilt ja jäta jahtuma. Vahepeal vahusta koor kõvaks vahuks. Klopi šokolaad kreemi hulka. Sega kokku kohv ja brändi või Amaretto. Kastke üks kolmandik käsnsõrmedest segusse, et need niisutada, ja vooderdage fooliumiga vooderdatud lahtise põhjaga 23 cm/9 koogivormi (panni). Määri poole kooreseguga. Niisuta ja lisa veel üks kiht käsnsõrmi, seejärel ülejäänud kreem ja lõpuks ülejäänud küpsised. Enne serveerimiseks vormist väljavõtmist jahuta korralikult.

Šokolaadikihi kook

Teeb ühe 20 cm/8 kooki

75 g/3 untsi/¾ tassi tavalist (poolmagusat) šokolaadi

175 g/6 untsi/¾ tassi võid või margariini, pehmendatud

175 g/6 untsi/¾ tassi tuhksuhkrut (ülipeent).

3 muna, kergelt lahtiklopitud

150 g/5 untsi/1¼ tassi isekerkivat (isekerkivat) jahu

25 g/1 unts/¼ tassi kakaopulbrit (magustamata šokolaad).

Glasuuri jaoks (glasuuri jaoks):

175 g/6 untsi/1 tass tuhksuhkrut (kondiitritele).

50 g/2 untsi/½ tassi kakaopulbrit (magustamata šokolaad).

175 g/6 untsi/¾ tassi võid või margariini, pehmendatud

Kaunistuseks riivitud šokolaad

Sulata šokolaad kuumakindlas kausis, mis on asetatud õrnalt keeva veega pannile. Lase veidi jahtuda. Vahusta või või margariin ja suhkur heledaks ja kohevaks vahuks. Löö vähehaaval sisse munad, seejärel sega hulka jahu ja kakao ning sulatatud šokolaad. Tõsta segu lusikaga määritud ja vooderdatud 20 cm/8 koogivormi (pannile) ja küpseta eelkuumutatud ahjus temperatuuril 180°C/350°F/gaasmark 4 1¼ tundi, kuni see on katsudes vetruv. Jäta jahtuma.

Glasuuri valmistamiseks vahusta tuhksuhkur, kakao ja või või margariin, kuni tekib määritav glasuur. Kui kook on jahtunud, viiluta horisontaalselt kolmeks ja kasuta kaks kolmandikku glasuurist kolme kihi kokkukleepimiseks. Määri pealt ülejäänud glasuur, märgi kahvliga mustriks ja kaunista riivitud šokolaadiga.

Niiske šokolaadikook

Teeb ühe 20 cm/8 kooki

200 g/7 untsi/1¾ tassi tavalist (universaalset) jahu

30 ml/2 spl kakao (magustamata šokolaadi) pulbrit

5 ml/1 tl soodavesinikkarbonaati (söögisoodat)

5 ml/1 tl küpsetuspulbrit

150 g/5 untsi/2/3 tassi tuhksuhkrut (ülipeent).

30 ml/2 spl kuldset (hele maisi) siirupit

2 muna, kergelt lahtiklopitud

150 ml / ¼ pt / 2/3 tassi õli

150 ml / ¼ pt / 2/3 tassi piima

150 ml/¼ pt/2/3 tassi topelt (raske) või vahukoort, vahustatud

Klopi kõik koostisosad peale koore taignaks. Valage kahte rasvainega määritud ja vooderdatud 20 cm/8 koogivormi (vormi) ja küpsetage eelkuumutatud ahjus 160°C/325°F/gaasimärk 3 35 minutit, kuni see on hästi kerkinud ja katsudes vetruv. Lase jahtuda, seejärel võileib koos vahukoorega.

Mocha kook

Teeb ühe 23 x 30 cm/9 x 12 koogi

450 g/1 naela/2 tassi tuhksuhkrut (ülipeent).

225 g/8 untsi/2 tassi tavalist (universaalset) jahu

75 g/3 untsi/¾ tassi kakaopulbrit (magustamata šokolaad).

10 ml/2 tl soodavesinikkarbonaati (söögisoodat)

5 ml/1 tl küpsetuspulbrit

Näputäis soola

120 ml/4 fl untsi/½ tassi õli

250 ml/8 fl untsi/1 tass kuuma musta kohvi

250 ml/8 fl untsi/1 tass piima

2 muna, kergelt lahtiklopitud

Sega omavahel kuivained ja tee keskele süvend. Sega juurde ülejäänud ained ja sega just seni, kuni kuivained on imendunud. Tõsta lusikaga määritud ja vooderdatud 23 x 30 cm/9 x 12 koogivormi (panni) ja küpseta eelkuumutatud ahjus 180°C/ 350°F/gaasmärk 4 35–40 minutit, kuni varras torkab keskele. tuleb puhtalt välja.

Mudapirukas

Teeb ühe 20 cm/8 kooki

225 g/8 untsi/2 tassi tavalist (poolmagusat) šokolaadi

225 g/8 untsi/1 tass võid või margariini

225 g/8 untsi/1 tass tuhksuhkrut (ülipeent).

4 muna, kergelt lahtiklopitud

15 ml/1 spl maisijahu (maisitärklis)

Sulata šokolaad ja või või margariin kuumakindlas kausis, mis on asetatud õrnalt keeva veega pannile. Tõsta tulelt ja sega hulka suhkur, kuni see on lahustunud, seejärel klopi hulka munad ja maisijahu. Tõsta lusikaga määritud ja vooderdatud 20 cm/8 koogivormi (panni) ja tõsta vorm küpsetusplaadile, kus on piisavalt kuuma vett, et see ulatuks vormi külgede poole. Küpseta eelkuumutatud ahjus 180°C/350°F/gaasimärgis 4 1 tund. Eemaldage veealuselt ja laske vormis jahtuda, seejärel jahutage, kuni olete valmis keerama ja serveerima.

Krõmpsuv Mississippi mudapirukas

Teeb ühe 23 cm/9 kooki

75 g/3 untsi/¾ tassi ingveriküpsise (küpsise) puru

75 g/3 untsi/¾ tassi digestive biskviidi (Grahami kreekerid) puru

50 g/2 untsi/¼ tassi võid või margariini, sulatatud

300 g/11 untsi vahukommi

90 ml/6 spl piima

2,5 ml/½ tl riivitud muskaatpähklit

60 ml/4 spl rummi või brändit

20 ml/4 tl kanget musta kohvi

450 g/l lb/4 tassi tavalist (poolmagusat) šokolaadi

450 ml/¾ pt/2 tassi topelt (rasket) koort

Blenderda biskviidipuru sulavõi hulka ja suru lahtise põhjaga koogivormi (panni) lahtise 23 cm/9 põhjale. Jahutage.

Sulata vahukommid koos piima ja muskaatpähkliga tasasel tulel. Tõsta pliidilt ja jäta jahtuma. Sega hulka rumm või brändi ja kohv. Vahepeal sulatage kolmveerand šokolaadist kuumakindlas kausis, mis on asetatud õrnalt keeva vee pannile. Tõsta pliidilt ja jäta jahtuma. Vahusta koor tugevaks vahuks. Sega šokolaad ja koor vahukommisegu hulka. Tõsta lusikaga põhjale ja silu pealt. Kata toidukilega (kilekile) ja jahuta 2 tundi, kuni see on hangunud.

Sulata ülejäänud šokolaad kuumakindlas kausis, mis on asetatud õrnalt keeva vee pannile. Määri šokolaad õhukeselt küpsetusplaadile ja jahuta, kuni see on peaaegu tahenenud. Kraapige terava noaga šokolaadile risti, et see lokkideks lõigata ja kasutage koogi pealmise kaunistamiseks.

Šokolaadipähklikook

Teeb ühe 20 cm/8 kooki

175 g/6 untsi/1½ tassi jahvatatud mandleid

175 g/6 untsi/¾ tassi tuhksuhkrut (ülipeent).

4 muna, eraldatud

5 ml/1 tl vaniljeessentsi (ekstrakt)

175 g/6 untsi/1½ tassi tavalist (poolmagusat) šokolaadi, riivitud

15 ml/1 spl hakitud segatud pähkleid

Sega omavahel jahvatatud mandlid ja suhkur, seejärel klopi hulka munakollased, vaniljeessents ja šokolaad. Vahusta munavalged väga tugevaks vahuks, seejärel sega metallusikaga šokolaadisegu hulka. Tõsta lusikaga määritud ja vooderdatud 20 cm/8 koogivormi (panni) ja puista peale hakitud pähkleid. Küpseta eelkuumutatud ahjus 190°C/375°F/gaasimärgis 5 25 minutit, kuni see on hästi kerkinud ja katsudes vetruv.

Rikkalik šokolaadikook

Teeb ühe 900 g/2 naela koogi

200 g/7 untsi/1¾ tassi tavalist (poolmagusat) šokolaadi

15 ml/1 spl kanget musta kohvi

225 g/8 untsi/1 tass võid või margariini, pehmendatud

225 g/8 untsi/1 tass granuleeritud suhkrut

4 muna

225 g/8 untsi/2 tassi tavalist (universaalset) jahu

5 ml/1 tl küpsetuspulbrit

Sulata šokolaad koos kohviga kuumakindlas kausis, mis on asetatud õrnalt podiseva vee panni kohale. Samal ajal vahusta või või margariin ja suhkur heledaks ja kohevaks vahuks. Lisa vähehaaval munad, pärast iga lisamist korralikult kloppides. Sega juurde sulatatud šokolaad, seejärel sega hulka jahu ja küpsetuspulber. Tõsta segu lusikaga määritud ja vooderdatud 900 g/2 naela pätsivormi (pannile) ja küpseta eelkuumutatud ahjus temperatuuril 190°C/375°F/gaasimärk 5 umbes 1 tund, kuni keskele torgatud varras tuleb puhtana välja. . Vajadusel kata viimaseks 10 minutiks küpsetusajal pealt fooliumi või rasvakindla (vahatatud) paberiga, et vältida ülepruunimist.

Šokolaadi-, pähkli- ja kirsikook

Teeb ühe 20 cm/8 kooki

225 g/8 untsi/1 tass võid või margariini, pehmendatud

225 g/8 untsi/1 tass tuhksuhkrut (ülipeent).

4 muna

Paar tilka vaniljeessentsi (ekstrakt)

225 g/8 untsi/2 tassi rukkijahu

225 g/8 untsi/2 tassi jahvatatud sarapuupähkleid

45 ml/3 spl kakao (magustamata šokolaadi) pulbrit

10 ml/2 tl jahvatatud kaneeli

5 ml/1 tl küpsetuspulbrit

900 g/2 naela kivideta (kivideta) kirsid

Tuhksuhkur (kondiitritele) tolmutamiseks

Vahusta või või margariin ja suhkur heledaks ja kohevaks vahuks. Klopi ükshaaval sisse munad, seejärel sega juurde vanilliessents. Sega omavahel jahu, pähklid, kakao, kaneel ja küpsetuspulber, seejärel sega segusse ja sega pehmeks tainaks. Rulli tainas kergelt jahusel pinnal 20 cm/8 ringiks ja suru õrnalt võiga määritud lahtise põhjaga koogivormi (panni). Tõsta lusikaga peale kirsid. Küpseta eelkuumutatud ahjus 200°C/400°F/gaasimärgis 6 30 minutit, kuni see on katsudes vetruv. Eemalda vormist jahtuma, seejärel puista enne serveerimist üle tuhksuhkruga.

Šokolaadi rummi kook

Teeb ühe 20 cm/8 kooki

100 g/4 untsi/1 tass tavalist (poolmagusat) šokolaadi

15 ml/1 spl rummi

3 muna

100 g/4 untsi/½ tassi tuhksuhkrut (ülipeent)

25 g/1 unts/¼ tassi maisijahu (maisitärklis)

50 g/2 untsi/½ tassi isekerkivat (isekerkivat) jahu

Sulata šokolaad koos rummiga kuumakindlas kausis, mis on asetatud õrnalt keeva vee pannile. Vahusta munad ja suhkur heledaks ja kohevaks vahuks, seejärel sega hulka maisijahu ja jahu. Sega hulka šokolaadisegu. Tõsta lusikaga määritud ja vooderdatud 20 cm/8 koogivormi (pannile) ja küpseta eelkuumutatud ahjus 190°C/375°F/gaasimärk 5 10–15 minutit, kuni see on katsudes vetruv.

Šokolaadivõileib

Teeb ühe 20 cm/8 kooki

100 g/4 untsi/1 tass tavalist (universaalset) jahu

10 ml/2 tl küpsetuspulbrit

Näputäis soodavesinikkarbonaati (söögisoodat)

50 g/2 untsi/½ tassi kakaopulbrit (magustamata šokolaad).

225 g/8 untsi/1 tass tuhksuhkrut (ülipeent).

120 ml/4 fl untsi/½ tassi maisiõli

120 ml/4 fl untsi/½ tassi piima

150 ml/¼ pt/2/3 tassi topelt (rasket) koort

100 g/4 untsi/1 tass tavalist (poolmagusat) šokolaadi

Sega omavahel jahu, küpsetuspulber, soodavesinikkarbonaat ja kakao. Sega juurde suhkur. Sega õli ja piim ning blenderda kuivainete hulka ühtlaseks massiks. Tõsta lusikaga kahte määritud ja vooderdatud 20 cm/8 võileivavormi (pannid) ja küpseta eelkuumutatud ahjus temperatuuril 180°C/350°F/gaasmark 3 40 minutit, kuni see on katsudes vetruv. Tõsta restile jahtuma.

Vahusta koor tugevaks vahuks. Varu 30 ml/2 spl ja kasuta ülejäänu kookide koostamiseks. Sulata šokolaad ja vahukoor kuumakindlas kausis, mis on asetatud õrnalt keeva veega pannile. Tõsta lusikaga koogi peale ja jäta tahenema.

Jaanileiva- ja pähklikook

Teeb ühe 18 cm/7 kooki

175 g/6 untsi/¾ tassi võid või margariini, pehmendatud

100 g/4 untsi/½ tassi pehmet pruuni suhkrut

4 muna, eraldatud

75 g/3 untsi/¾ tassi tavalist (universaalset) jahu

25 g/1 unts/¼ tassi jaanileivapulbrit

Näputäis soola

Peeneks riivitud koor ja 1 apelsini mahl

175 g/6 untsi jaanileivapuu batoonid

100 g/4 untsi/1 tass hakitud segatud pähkleid

Vahusta 100 g võid või margariini suhkruga heledaks ja kohevaks kooreks. Klopi vähehaaval sisse munakollased, seejärel sega hulka jahu, jaanipulber, sool, apelsinikoor ja 15 ml/1 spl apelsinimahla. Tõsta segu lusikaga kahte rasvainega määritud ja vooderdatud 18 cm/7 koogivormi (vormi) ja küpseta eelkuumutatud ahjus 180°C/350°F/gaasimärk 4 20 minutit, kuni see on katsudes vetruv. Võta vormidest välja ja jäta jahtuma.

Sulata jaanileivapuu koos järelejäänud apelsinimahlaga kuumakindlas kausis, mis asetatakse tasakesi keeva vee panni kohale. Tõsta tulelt ja klopi sisse ülejäänud või või margariin. Lase aeg-ajalt segades veidi jahtuda. Jahtunud koogid võileivale poole glasuuriga ja määri ülejäänud koogid peale. Märgi kahvliga mustriks ja puista kaunistuseks peale pähklid.

Carob Christmas Log

Teeb ühe 20 cm/8 rulli

3 suurt muna

100 g/4 untsi/1/3 tassi selget mett

75 g/3 untsi/¾ tassi täistera (täistera)jahu

25 g/1 unts/¼ tassi jaanileivapulbrit

20 ml/4 tl kuuma vett

Täidise jaoks:

175 g/6 untsi/¾ tassi toorjuustu

Paar tilka vaniljeessentsi (ekstrakt)

5 ml/1 tl kohvigraanulid, lahustatud väheses kuumas vees

30 ml/2 spl selget mett

15 ml/1 spl jaanileivapulbrit

Vahusta munad ja mesi paksuks vahuks. Sega sisse jahu ja jaanileivapuu, seejärel kuum vesi. Tõsta lusikaga määritud ja vooderdatud 30 x 20 cm/12 x 8 Šveitsi rullvormi (želeerullpann) ja küpseta eelkuumutatud ahjus temperatuuril 220°C/425°F/gaasimärk 7 15 minutit, kuni see on katsudes vetruv. Pöörake rasvakindlale (vahatatud) paberile ja lõigake servad. Rulli lühemast otsast paberi abil kokku ja jäta külmaks.

Täidise valmistamiseks klopi kõik ained omavahel läbi. Rulli kook lahti ja eemalda paber. Määri pool täidisest koogile peaaegu äärteni, seejärel keera uuesti kokku. Määri pealt ülejäänud täidis ja märgi kahvli piidega kooremustriks.

Köömne kook

Teeb ühe 18 cm/7 kooki

225 g/8 untsi/1 tass võid või margariini, pehmendatud

225 g/8 untsi/1 tass tuhksuhkrut (ülipeent).

4 muna, eraldatud

225 g/8 untsi/2 tassi isekerkivat (isekerkivat) jahu

25 g/1 unts/¼ tassi köömneid

2,5 ml/½ tl jahvatatud kaneeli

2,5 ml/½ tl riivitud muskaatpähklit

Vahusta või või margariin ja suhkur heledaks ja kohevaks vahuks. Klopi lahti munakollased ja lisa need segule, seejärel sega hulka jahu, seemned ja maitseained. Vahusta munavalged tugevaks vahuks, seejärel sega segu hulka. Tõsta segu lusikaga määritud ja vooderdatud 18 cm/7 koogivormi (pannile) ja küpseta eelkuumutatud ahjus 180°C/350°F/gaasmärk 4 1 tund, kuni keskele torgatud varras tuleb puhtana välja.

Mandli riisi kook

Teeb ühe 20 cm/8 kooki

225 g/8 untsi/1 tass võid või margariini, pehmendatud

225 g/8 untsi/1 tass tuhksuhkrut (ülipeent).

3 muna, lahtiklopitud

100 g/4 untsi/1 tass tavalist (universaalset) jahu

75 g/3 untsi/¾ tassi isekerkivat (isekerkivat) jahu

75 g/3 untsi/¾ tassi jahvatatud riisi

2,5 ml/½ tl mandli essentsi (ekstrakt)

Vahusta või või margariin ja suhkur heledaks ja kohevaks vahuks. Klopi vähehaaval sisse munad. Sega hulka jahud ja jahvatatud riis ning sega juurde mandlisesents. Tõsta lusikaga määritud ja vooderdatud 20 cm/8 koogivormi (pann) ja küpseta eelkuumutatud ahjus temperatuuril 150°C/300°F/gaasmark 2 1¼ tundi, kuni see on katsudes vetruv. Jahuta vormis 10 minutit, enne kui tõstad jahtumise lõpetamiseks restile.

Õlle kook

Teeb ühe 20 cm/8 kooki

225 g/8 untsi/1 tass võid või margariini, pehmendatud

225 g/8 untsi/1 tass pehmet pruuni suhkrut

2 muna, kergelt lahtiklopitud

350 g/12 untsi/3 tassi täistera (täistera)jahu

10 ml/2 tl küpsetuspulbrit

5 ml/1 tl jahvatatud (õunakoogi) vürtsi

150 ml/¼ pt/2/3 tassi pruuni õlut

175 g/6 untsi/1 tass sõstraid

175 g/6 untsi/1 tass sultanasid (kuldseid rosinaid)

50 g/2 untsi/1/3 tassi rosinaid

100 g/4 untsi/1 tass hakitud segatud pähkleid

1 suure apelsini riivitud koor

Vahusta või või margariin ja suhkur heledaks ja kohevaks vahuks. Klopi munad järk-järgult sisse, kloppides korralikult peale iga lisamist. Sega omavahel jahu, küpsetuspulber ja vürts ning sega järk-järgult kooresegusse vaheldumisi pruuni alega, seejärel sega hulka puuviljad, pähklid ja apelsinikoor. Tõsta lusikaga määritud ja vooderdatud 20 cm/8 koogivormi (panni) ja küpseta eelkuumutatud ahjus 150°C/300°F/gaasimärk 2 2¼ tundi, kuni keskele torgatud varras tuleb puhtana välja. Lase vormis 30 minutit jahtuda, seejärel kummuta jahtumise lõpetamiseks restile.

Õlle- ja datlitort

Teeb ühe 23 cm/9 kooki

225 g/8 untsi/1 tass võid või margariini, pehmendatud

450 g/1 nael/2 tassi pehmet pruuni suhkrut

2 muna, kergelt lahtiklopitud

450 g/1 nael/4 tassi tavalist (universaalset) jahu

175 g/6 untsi/1 tass kivideta (kivideta) datleid, tükeldatud

100 g/4 untsi/1 tass hakitud segatud pähkleid

10 ml/2 tl soodavesinikkarbonaati (söögisoodat)

5 ml/1 tl jahvatatud kaneeli

5 ml/1 tl jahvatatud (õunakoogi) vürtsi

2,5 ml / ½ tl soola

500 ml/17 fl untsi/2¼ tassi õlut või laager

Vahusta või või margariin ja suhkur heledaks ja kohevaks vahuks. Löö vähehaaval sisse munad, seejärel sega kuivained vaheldumisi õllega, kuni saad pehme segu. Tõsta lusikaga määritud ja vooderdatud 23 cm/9 koogivormi (panni) ja küpseta eelsoojendatud ahjus 180°C/350°F/gaasimärk 4 1 tund, kuni keskele torgatud varras tuleb puhtana välja. Lase 10 minutit vormis jahtuda, seejärel kummuta restile jahtumise lõpetamiseks.

Battenburgi kook

Teeb ühe 18 cm/7 kooki

175 g/6 untsi/¾ tassi võid või margariini, pehmendatud

175 g/6 untsi/¾ tassi tuhksuhkrut (ülipeent).

3 muna, kergelt lahtiklopitud

225 g/8 untsi/2 tassi isekerkivat (isekerkivat) jahu

Paar tilka vaniljeessentsi (ekstrakt)

Mõned tilgad vaarikaessentsi (ekstrakt) Glasuuri jaoks (glasuuri jaoks):

15 ml/1 spl vaarikamoosi (konserv), sõelutud (kurnatud)

225 g/8 untsi mandlipasta

Mõned glace (suhkrustatud) kirsid

Vahusta või või margariin ja suhkur. Löö vähehaaval sisse munad, seejärel sega hulka jahu ja vaniljeessents. Jaga segu pooleks ja sega ühele poolele vaarikaessents. Määri ja vooderda 18 cm/7 kandiline koogivorm (pann) ning jaga vorm pooleks, voltides rasvakindla (vahatatud) paberi vormi keskelt allapoole. Valage iga segu vormi ühte poolde ja küpsetage eelkuumutatud ahjus temperatuuril 180°C/350°F/gaasimärk 4 umbes 50 minutit, kuni see on katsudes vetruv. Jahuta restil.

Kärbi koogi servad ja lõika iga tükk pikuti pooleks. Võileib kokku roosa ja vaniljetükk põhjale ning vanilje ja roosa peale, kasutades nende omavaheliseks kinnitamiseks osa moosi. Pintselda kook väljast ülejäänud moosiga. Rulli mandlipasta umbes 18 x 38 cm/7 x 15 tolli ristkülikuks. Suru koogi välisküljele ümber ja lõika servad ära. Kaunista pealt glasskirssidega.

Leivapudingi kook

Teeb ühe 23 cm/9 kooki

225 g/8 untsi/8 paksu viilu leiba

300 ml/½ pt/1¼ tassi piima

350 g/12 untsi/2 tassi kuivatatud puuvilju (puuviljakoogi segu)

50 g/2 untsi/¼ tassi tükeldatud segatud (suhkreeritud) koort

1 õun, kooritud, puhastatud südamikust ja riivitud

45 ml/3 sl pehmet pruuni suhkrut

30 ml/2 spl marmelaadi

45 ml/3 spl isekerkivat (isekerkivat) jahu

2 muna, kergelt lahtiklopitud

5 ml/1 tl sidrunimahla

10 ml/2 tl jahvatatud kaneeli

100 g/4 untsi/½ tassi võid või margariini, sulatatud

Leota leiba piimas väga pehmeks. Sega hulka kõik ülejäänud koostisosad, välja arvatud või või margariin. Sega juurde pool võist või margariinist, seejärel lusikaga määritud 23 cm/9 kandilisse koogivormi (panni) ja kalla peale ülejäänud või või margariin. Küpsetage eelkuumutatud ahjus 150°C/300°F/gaasimärk 3 1½ tundi, seejärel tõstke ahju temperatuur 180°C/350°F/gaasimärk 4 ja küpseta veel 30 minutit. Lase vormis jahtuda.

Inglise petipiimakook

Teeb ühe 20 cm/8 kooki

75 g/3 untsi/1/3 tassi võid või margariini

75 g/3 untsi/1/3 tassi seapekk (lühenemine)

450 g/l lb/4 tassi tavalist (universaalset) jahu

100 g/4 untsi/½ tassi tuhksuhkrut (ülipeent).

175 g/6 untsi/1 tass hakitud segatud (suhkreeritud) koort

100 g/4 untsi/2/3 tassi rosinaid

30 ml/2 spl marmelaadi

250 ml/8 fl untsi/1 tass petti või hapupiima

5 ml/1 tl soodavesinikkarbonaati (söögisoodat)

Hõõru või või margariin ja seapekk jahu hulka, kuni segu meenutab riivsaia. Sega hulka jahu, suhkur, segatud koor ja rosinad. Soojendage marmelaadi veidi, et see seguneks kergesti piimaga, seejärel segage soodavesinikkarbonaat ja segage koogisegu hulka, et moodustuks pehme tainas. Tõsta lusikaga määritud ja vooderdatud 20 cm/8 koogivormi (pannile) ja küpseta eelkuumutatud ahjus 160°C/325°F/gaasimärk 3 1 tund. Alandage ahju temperatuuri 150°C/300°F/gaasimärgis 2 ja küpsetage veel 45 minutit, kuni see on katsudes kuldpruun ja vetruv. Lase vormis 10 minutit jahtuda, enne kui tõstad jahtumise lõpetamiseks restile.

www.ingramcontent.com/pod-product-compliance
Lightning Source LLC
Chambersburg PA
CBHW071239080526
44587CB00013BA/1688